# Elle, Edmonde

# Du même auteur

### Biographies

*Hubert de Givenchy*, Grasset, 2000.
Également disponible en e-book.
*Karen Blixen Une odyssée africaine*, Payot, 2004 ; rééd.
«Petite Bibliothèque Payot», 2005.
Grand Prix littéraire de l'héroïne, 2004.
*Natalie Paley*, Bartillat, 2005 ; rééd. 2015.
*Madeleine Castaing*, Payot, 2008 ;
rééd. «Petite Bibliothèque Payot», 2009.
*La Javanaise*, Robert Laffont, 2011.
Également disponible en e-book.
*Elsa Triolet & Lili Brik Les sœurs insoumises*, Robert Laffont,
2015. Également disponible en e-book. Grand Prix de la
Biographie de l'Académie française 2015.

### Essais

*Les Anges du bizarre*, Grasset, 2001. *Une trilogie de l'excès*,
première partie. Également disponible en e-book.
*Boutons de manchettes*, Assouline, 2002.
*Petit dictionnaire du snobisme contemporain*, Payot, 2006.
*Une trilogie de l'excès*, deuxième partie.
*Éloge des garces*, Payot, 2013.
*Une trilogie de l'excès*, troisième partie.

### Journal intime

*Férocement vôtre Journal d'une lecture interactive
des «Mémoires» de Saint-Simon*, Ramsay, 2005

**www.jeannoel-liaut.com**

Jean-Noël Liaut

# Elle, Edmonde

ALLARY ÉDITIONS

RUE D'HAUTEVILLE, PARIS X<sup>e</sup>

*À Yana Liaut-Laronda, mère et muse.*

« Elle devint pour moi comme un fantôme tendre. »

(STENDHAL, *Souvenirs d'égotisme*)

# Avant-Propos

«Bienvenue dans mon pigeonnier!» m'a dit Edmonde Charles-Roux en ouvrant la porte. Le pigeonnier en question décoré de fauteuils créés par Paul Iribe et de tableaux orientalisants, n'est autre que le dernier étage d'un bel hôtel particulier de la rue des Saints-Pères où vécut Joseph Fouché, ministre de la Police durant le Consulat et l'Empire. Un petit ascenseur privé, qu'elle surnomme «ma Bentley», mène au domaine de mon hôtesse – une plaque de cuivre, gravée à son nom et posée sur ladite Bentley, donne le ton. «Il glace, venez vite prendre un thé. Cela vous dirait-il de le boire à la russe? En clin d'œil à la divine Natalie Paley pour vous et au général Pechkoff pour moi, car je suis en train d'écrire sa vie.» Par le plus grand des hasards, j'avais dans ma besace l'un de ces carnets dans lesquels je colle tout ce qui m'inspire – tableaux, photos, dessins. Elle a été ravie en découvrant une reproduction du portrait, par Boris Grigoriev, de la princesse Salomé Andronikova qui n'était autre que la maîtresse de Pechkoff. J'ignorais complètement qu'Edmonde était attelée à ce projet. «Asseyez-vous, ami, m'a-t-elle dit en riant, c'est un signe du destin.»

Tout en la regardant doser le breuvage en question, moitié Earl Grey moitié vodka, j'ai passé en revue les diverses existences de mon hôtesse : fille d'ambassadeur, résistante décorée de la croix de guerre, mère abbesse du couvent *Vogue*, Dame Goncourt et Dame Defferre, croisée socialiste, égérie d'un groupe de rap, les Edmond's... Autant d'éclats d'une même mosaïque qui illustre une belle page du roman national français. Autant de perles qu'en comptait son collier – les perles sont sa signature, j'ai songé à celles qu'elle porte sur son portrait (1950) par Derain, lui aussi collé dans l'un de mes carnets.

Edmonde joue de son éclectisme avec savoir-faire et amusement, rien ne doit figer cet être multiple et irréductible dans un seul emploi, jamais. Physiquement, elle ressemble aujourd'hui, à quatre-vingt-huit ans, à un santon de Provence habillé en vintage Saint Laurent. Mais attention, la vieillesse l'a rayée de ses listes. Sa vivacité intellectuelle est absolue, un modèle du genre. On la dit féroce mais j'avoue que je suis tombé amoureux. La conversation, qui a duré quatre heures, fut ponctuée d'éclats de rire. Edmonde incarne pour moi une certaine idée de la littérature française, une Germaine de Staël revue et corrigée par Aragon. Nous avons parlé de Toto Koopman et d'Erica Brausen – j'étais là dans ce but –, mais aussi de ses relations avec des bad boys de talent, comme Jean Genet ou Robert Giraud, l'auteur du *Vin des rues*. Autres fantômes conviés dans son salon, Valentina Schlee ou Kikou Yamata, dont elle garde un souvenir très précis[1].

Ce fut notre seul échange autre que téléphonique, même si Edmonde a consacré régulièrement des articles à mes livres, mais cet après-midi rue des Saints-Pères a été décisif pour moi. En la quittant, j'ai repensé à ma mère, qui m'avait conseillé de lire *L'Irrégulière* lorsque j'avais quinze ans – ce livre a changé ma vie puisque c'est alors que j'ai décidé de devenir biographe. En gagnant les bords de Seine, je traçais déjà les lignes de force du portrait que je souhaitais, depuis longtemps, consacrer à cette femme oxymore, croisement de la Sanseverina et d'une suffragette : grande bourgeoise aimantée par les marginaux – au point de mettre sa plume à leur service –, féministe raffolant des diables machos, *princesse rose* – et même *rouge,* à l'occasion –, caporal d'honneur *chanelisé* de la Légion. Une trajectoire comme modelée par ces vers de Byron :

«Voici un soupir pour ceux qui m'aiment,
Un sourire pour ceux qui me haïssent ;
Et, quel que soit le ciel au-dessus de ma tête,
Voici un cœur prêt pour tout destin»

# I

«Le diable est déchaîné en cette ville», écrivait Mme de Sévigné à sa fille à propos de Marseille. «Je serai fort aise de voir cette sorte d'enfer[1].» Cet enfer, d'hier et d'aujourd'hui, fut le paradis d'Edmonde Charles-Roux. Il suffit de citer le nom de la cité phocéenne pour obtenir, en cascade, les mots suivants : mafia, caïds et clientélisme, tensions raciales, vendettas, grandes pointures et petites coupures, traite des Blanches et tontons flingueurs, Borsalino et French Connection, insécurité déclinée à tous les modes et à tous les temps, mais aussi paresse, saleté et parties de cartes anisées. Autant dire le Chicago d'Al Capone au bord de la Grande Bleue. «Le problème des clichés n'est pas qu'ils contiennent de fausses idées, mais plutôt que ce sont des formulations superficielles de très bonnes idées», résume Alain de Botton[2]. Cette

15

même ville était pour Edmonde la plus dynamique des métropoles méditerranéennes, le premier port de France, le lieu de tous les métissages, la Porte de l'Orient.

Elle ne l'idéalisait pas mais l'aimait viscéralement. Dans ses livres, elle évoquera les «nuits exaspérées de Marseille[3]», «les allées Gambetta, haut lieu de la traînasserie bourgeoise[4]» ou «Marseille offrant, entre autres particularités, celle d'installer ses rares concierges sous les toits[5]» – elle en parle toujours comme d'une amie, une amie excentrique et déroutante mais une amie à la vie et à la mort. «Êtes-vous française?» lui demande-t-on à Prague, où son père est ministre plénipotentiaire, alors qu'elle est âgée de sept ans. «Non, je suis marseillaise!» réplique-t-elle, offensée. De même, à la fin de sa très longue vie, alors qu'elle répond au questionnaire de Proust, sa définition du bonheur ne surprendra personne : «Naviguer à la voile, un jour de vent favorable, dans la baie de Marseille.»

Edmonde est née à Neuilly-sur-Seine le 17 avril 1920, à 20 h 55 – ce qui fait d'elle un Bélier ascendant Scorpion, et un Singe de Métal en astrologie chinoise. Neuilly incarne le contraire de Marseille, où son frère Jean-Marie et sa sœur Cyprienne ont eu, eux, la chance de voir le jour, respectivement en 1914 et 1917. Le vice y est moins exotique et les bonnes manières donnent le ton. Gants blancs et jupes plissées contre mitraillettes et *Red District*, le combat était perdu d'avance pour une femme dont les yeux pétillaient dès que l'on prononçait devant elle les mots pègre, marginaux ou déclassés. Neuilly est une fausse note, un couac dans la partition Charles-Roux si parfaitement marseillaise.

« Son » Marseille n'est pas celui que Marcel Pagnol popularise dans ses pièces alors qu'Edmonde est encore une fillette – les diverses adaptations cinématographiques donneront au phénomène une dimension internationale. Point de Marius, de Fanny, de César, de Topaze ou de Panisse dans la sphère Charles-Roux, ou alors à l'étage des domestiques. Sa famille ? Les huiles marseillaises, au sens propre et figuré puisque les corps gras et la savonnerie permettent à son clan de s'imposer au sein des grands noms du négoce local, Noilly-Prat et autres, dès le XIX<sup>e</sup> siècle. L'arrière-grand-père d'Edmonde, Jean-Baptiste Roux, est fabricant de savon à partir de 1828, mais c'est son fils, Jules, né en 1841, qui est considéré comme le véritable fondateur de la dynastie puisqu'il obtient, en 1910, par décret présidentiel du 5 juin 1909, de faire précéder son nom patronymique, bien nu à ses yeux, de «Charles», ce qui lui donnait un lustre non négligeable. À défaut de particule, le trait d'union ferait l'affaire. L'on ne peut imaginer aujourd'hui à quel point un nom double conférait prestige et autorité à celui qui le portait. Sa fille épousera un marquis, ce qui ne pouvait que l'enchanter.

Jules fut industriel, homme politique, humaniste – on lui doit des maisons ouvrières d'avant-garde –, vice-président de la Compagnie du canal de Suez, président du Comité central des armateurs de Provence, directeur de la Compagnie générale transatlantique et mécène musical, persuadé que l'art devait se démocratiser. Il fonde ainsi le Cercle artistique de Marseille, afin d'offrir au meilleur prix des concerts symphoniques à ses concitoyens. Dans la foulée, il crée l'Association artistique de Marseille, qui propose conférences et expositions. Edmonde ne le connaîtra pas, puisqu'il meurt en 1918, deux ans avant sa naissance, mais elle ne cachera jamais l'admiration qu'il lui inspirait. Marie-Claire, son épouse, née Canaple, appartient à une grande famille d'industriels de la région. Elle reçoit à la perfection, à Marseille comme à Paris, où leur appartement du Trocadéro passe pour être l'ambassade de la Provence dans la capitale.

Le héros de son salon n'est autre que l'écrivain Frédéric Mistral, et Jules sera son allié indéfectible. Il l'aide à créer son Museon Arlaten en Arles et l'on murmure qu'il remue ciel et terre pour que Mistral obtienne le prix Nobel de littérature en 1904. Seul bémol à ce glorieux palmarès, Jules ne laisse pas un sou vaillant aux siens à sa disparition. Bien des années plus tard, Edmonde choquera le public venu assister à une conférence sur Jules Charles-Roux en la commençant par ces mots : «J'ai l'honneur d'être la petite-fille d'un grand capitaliste mort sans capital[6].»

Né en 1879, François, le père d'Edmonde, a fait son droit à Paris avant de sortir diplômé de Sciences Po. En 1914, il épouse Sabine Gounelle, héritière marseillaise aussi ravissante que fortunée, mais au cœur de cuir, si l'on en croit sa fille. Ayant choisi la diplomatie, François gravit patiemment tous les échelons de la Carrière : Paris, Saint-Pétersbourg, Constantinople, Le Caire, Londres et Rome, où il est conseiller d'ambassade depuis 1916, lorsque Edmonde voit le jour. Sa mère, qui devait accoucher à Marseille trois semaines plus tard, est alors dans la capitale et on la transporte d'urgence dans une clinique de Neuilly-sur-Seine. Sabine ne peut – ou ne veut pas ? – donner le sein au bébé et, comble de malchance, les laitiers sont alors en grève à Paris. «Ma grand-mère vient immédiatement de Marseille pour me récupérer. Elle me met dans une corbeille et m'emporte ! C'était une femme extraordinaire qui récitait les poètes par cœur, était très proche d'Edmond Rostand, d'où mon prénom. Elle m'emmène, et la tradition familiale rapporte que, ayant voyagé trop jeune alors que les fontanelles n'étaient pas refermées, je suis devenue lunatique ! On disait toujours : "Elle n'est pas comme tout le monde, elle a voyagé trop jeune, les fontanelles pas refermées !"[7]» Du plus, pour Edmonde, une naissance digne d'un roman de cape et d'épée, telle Aurore de Nevers dans *Le Bossu*, et la tutelle d'un écrivain légendaire dès le berceau. Ajoutons plus prosaïquement que Marie-Claire Canaple, sa grand-mère paternelle, avait aussi Edmonde pour deuxième prénom. Conclusion ?

Arrêtons-nous un instant sur cette autre grand-mère, Marie-Thérèse Gounelle, qui eut une telle influence sur sa célèbre petite-fille. Elle appartient, par naissance et par mariage, à un milieu très fortuné, mais à la panoplie complète de la grande bourgeoise, écurie de courses comprise, s'ajoutent la bienveillance et une culture littéraire aiguisée.

Elle représente pour ses petits-enfants l'accord parfait entre fortune et culture, l'idéal d'un savoir-vivre élégant mais ludique, une école de la sensibilité dans la droite ligne des «Cours d'Amour» de la Provence du XIe siècle et cette faculté de les transformer en chercheurs de trésors, toujours curieux et passionnés, de leur donner l'impression de vivre sur un manège dès qu'ils posent les yeux sur elle. Autant dire une grand-mère grand cru, une aïeule zénith dont Edmonde fut la bénéficiaire enchantée, tout comme son frère Jean-Marie. «Elle est de ces personnes que l'on n'a jamais fini de découvrir. Car si son esprit est actif et vif son goût des lettres, l'un et l'autre n'en sont pas moins sans aucune discipline d'école […] et ne font, par conséquent, que relever, colorer, lustrer et magnifier une suite d'états de pure spontanéité», écrit-il en 1979, longtemps après sa mort. «Elle dont le profil, l'allure, le style tant en son comportement qu'en son verbe et sa pensée, évoquent de si près la France du Grand Siècle, réserve pourtant ses plus ardentes sympathies pour les romantiques. […] Elle peut réciter de mémoire, pendant des heures, du Hugo, du Vigny, du Leconte de Lisle, du Rostand[8].» Ce dernier, qui est bien l'un de ses intimes, demande à Marie-Thérèse d'organiser la première lecture de *L'Aiglon* chez sa sœur. Dans son salon marseillais tendu de damas gris, elle reçoit écrivains et musiciens, mais aussi tous les explorateurs qui passent par la cité phocéenne, de retour de voyages aux quatre coins du globe, la hotte pleine de récits haletants.

À une époque et dans un milieu où les adultes tiennent les enfants à distance, Marie-Thérèse pouponne volontiers. Alors que les Charles-Roux repartent pour Rome, elle garde sous son aile le bébé prématuré, qui a attrapé la jaunisse des nouveau-nés. Un nourrisson bien portant serait déjà un fardeau pour l'élégante Sabine, alors que dire de cette créature chétive et olivâtre ? Pour couronner le tout, la nourrice italienne choisie avec soin pour s'occuper d'Edmonde est tuberculeuse mais personne ne le sait encore. «Elle me l'a sans doute donnée car, à l'âge de quatre ans, j'ai eu une primo-infection très grave. Donc des débuts de vie assez mouvementés[9].» Edmonde passe la première année de son existence avec Marie-Thérèse, sans voir ses parents. Ces douze premiers mois, au cours desquels elle se refait une santé, la lient d'une manière indéfectible à sa grand-mère, qu'elle retrouvera avec bonheur tout au long de son enfance et de son adolescence.

Une fois à Rome, les nurses prennent le relais et notre «bébé cosmopolite», ainsi que se définit Edmonde, ne voit guère davantage ses parents que lorsqu'elle séjournait à Marseille. Il est vrai que le couple vit dans un véritable tourbillon. François, qui travaille au palais Farnèse, siège de l'ambassade de France, voit et entend tout : il rencontre Gabriele d'Annunzio, poète et dictateur d'opérette, qui fonde un petit État indépendant à Fiume, suit de près l'élection du pape Pie XI et se rend à Paris pour déposer en Haute Cour dans le procès contre Caillaux – une déposition brillante, très commentée dans les journaux. L'envol du fascisme mussolinien retient son attention mais cette profusion de chemises de couleur, noires pour les partisans du Duce ou bleues pour les nationalistes, lui «ramène à la mémoire une nouvelle d'Anatole France, où le personnage du récit se lance à la recherche de *"la chemise d'un homme heureux"* – c'est le titre de la nouvelle –, et, quand enfin il a trouvé un homme heureux, s'aperçoit que celui-ci n'a pas de chemise[10]». Il est encore temps de réagir en homme d'esprit et cultivé, les inquiétudes viendront plus tard, même s'il constate que le parti de Mussolini, qui le reçoit plusieurs fois en audience en 1922, «contenait bon nombre de cerveaux brûlés, de têtes folles, d'individus tarés et de gens sans conscience[11]».

Chaque année, les Charles-Roux au grand complet prennent un bateau à Naples en direction de Marseille. En arrivant, au loin, ils aperçoivent Notre-Dame-de-la-Garde, leur «Bonne Mère», avant d'être accueillis par Marie-Thérèse à la villa Serena, sa luxueuse demeure du Cabot, l'un des quartiers élégants de la ville, où François et Sabine se sont mariés en 1914. Edmonde y retrouve également chaque été les Pastré, qui ont son âge et dont la mère est très proche de la sienne. Marie-Louise Double de Saint-Lambert, dite Lily, a épousé le comte Jean Pastré à qui elle a apporté une dot considérable : la fortune de sa famille, qui provient de la vente du vermouth Noilly-Prat. Elle a reçu un titre en compensation, le marché est classique. Pour l'Edmonde des années vingt, le monde des adultes équivaut à peu près, à l'exception d'une Marie-Thérèse, à un emprisonnement du cœur : raideur, culte des bonnes manières, esthétique en guise de sentiments et autoritarisme barbelé. Et voilà qu'apparaît Lily, qui possède un domaine enchanté à Montredon, au sud de la ville. Corps de sylphide et blondeur vaporeuse, Lily, qui a des ancêtres moscovites, c'est Barbie revue et corrigée par Tolstoï : elle conduit des voitures de course, joue de la scie musicale, rédige son courrier en changeant de couleur d'encre selon la sensibilité de son interlocuteur, divertit les enfants et donne des déjeuners ou dîners à toute heure du jour et de la nuit. Lily est impériale, inattendue, comique aussi, toute palpitante d'humeurs contradictoires. Une touche de malheur assombrit l'ensemble, puisque son mari, dont elle est très éprise, la trompe mais elle tente de survivre avec ses manques et ses tristesses. Autant dire le contraire de Sabine, imperturbable, glacée et inatteignable pour sa progéniture.

Edmonde, qui trouve à tout un équivalent tiré de la littérature russe, voit en elle une héroïne de Tchekhov, Nina dans *La Mouette* et surtout Lioubov dans *La Cerisaie*. Cette russification a commencé dès son plus jeune âge puisque son héros d'enfance est le Général Dourakine, personnage imaginé par la Comtesse de Ségur. Le roman qu'elle préféra sa vie durant fut *Guerre et Paix*, lu et relu jusqu'à plus soif. Et, à plus de quatre-vingts ans, alors qu'un journaliste lui demande qu'elle est son héroïne de fiction préférée, elle répond : «Anna Karénine et Lara dans *Docteur Jivago*[12].» On pense au père de Cristina Campo, écrivain contemporain d'Edmonde, qui conseillait à sa fille, âgée de dix ans, de se plonger dans la littérature russe le plus tôt possible : «Tu y trouveras de quoi beaucoup souffrir, mais rien qui puisse te faire du mal[13]…» Lily a trois enfants : Nadège dite Nadia – née en 1920, comme Edmonde, dont elle fut la meilleure amie –, Nicole dite Dolly (1921) et Pierre (1924), qui lui rappelle *L'idiot* de Dostoïevski. Un garçon pur, naïf, tourmenté et ami incomparable.

Les petits des deux familles sont aux mains des gouvernantes qui désapprouvent le désordre qui entoure la comtesse Pastré. Cette dernière ne mesure nullement à quel point sa liberté provoque les bien-pensants, choqués par ces concerts improvisés, qui peuvent durer jusqu'à quatre heures du matin et auxquels les enfants assistent, malgré la désapprobation de nanny Carter et nanny Condron. Ces séjours marseillais, chez sa grand-mère et à Montredon, furent la grâce de l'enfance d'Edmonde et chaque départ était déchirant. «Les vacances étaient près de leur fin ; les enfants s'aimaient tous de plus en plus[14]», Mme de Ségur, bien sûr.

La famille Charles-Roux quitte Rome le 31 décembre 1924. François devient inspecteur des ambassades et des consulats avant d'être nommé ministre plénipotentiaire[15] à Prague, où ils arrivent en janvier 1927 – Edmonde va avoir sept ans en avril. La famille s'installe au palais Buquoy, siège de l'ambassade de France. Construit en 1667 pour le comte Wallenstein, alors archevêque de la ville, il a accueilli Mozart ou Ravel, qui ont joué dans le salon de musique. «On nous faisait bien comprendre que l'on vivait dans un palais, certes, mais que l'on était avant tout locataires de l'État et que rien ne nous appartenait. Ce n'était pas notre luxe à nous, c'était celui de la France[16]!» Edmonde est scolarisée *at home* par des gouvernantes qui appliquent à la lettre le programme envoyé de Paris par le cours Hattemer, mais elle préfère déjà la lecture et l'écriture à toute autre activité. C'est à Prague, à l'âge de onze ans, qu'elle s'attelle, avec sa sœur Cyprienne, à la rédaction d'un diction-naire à quatre mains. Il débutait, à la lettre A, par «âne» : «animal à longues oreilles qui n'est pas si bête qu'on le dit[17].»

Ses parents forment un duo d'une efficacité redoutable, au seul service de leur pays. François s'initie au chaos de l'Europe centrale, région où les traités signés en 1919 ont opéré de profonds bouleversements territoriaux, tout en organisant les séjours des hôtes de marque – il reçoit ainsi le maréchal Pétain, héros acclamé de la Première Guerre mondiale, lors de son voyage en Tchécoslovaquie. De son côté, Sabine, mécanique parfaitement huilée, s'acquitte de ses devoirs en épouse de diplomate exemplaire, l'une de ces femmes «genre coussin-pour-tout-divan, qui à force d'avoir adopté, les unes après les autres, les idées pratiques des diverses capitales où elles avaient séjourné, n'avaient plus que cela de remarquable : l'air pratique[18]» – le coup de griffe est signé Edmonde. Sabine orchestre leur vie d'une main de fer tout en organisant, c'est son péché mignon, des défilés de haute couture au cours des fêtes de bienfaisance et autres bals de charité que l'on donne pour un oui ou pour un non. Elle est une beauté qui s'habille à Paris, chez Madeleine Vionnet, et les grands couturiers français savent que les comtesses mitteleuropa invitées au palais Buquoy sont des clientes en devenir. Ils envoient donc sur place mannequins et malles-cabines pleines de robes dès que Mme Charles-Roux le désire. Cette dernière voit ses enfants le moins possible, elle ignore tout des câlins, ne les serre jamais dans ses bras. Froide, autoritaire, levant le sourcil et la voix au moindre faux pas, elle laisse l'affection à son mari qui, lorsqu'il ne travaille pas, passe un moment avec eux, mais c'est hélas fort rare.

Les Charles-Roux fréquentent la haute aristo-
cratie tchèque. En fin de semaine, ils séjournent
dans de somptueux châteaux. Hôtes et convives
montent à cheval et parlent couramment l'allemand, l'anglais, le tchèque, l'italien, le hongrois, le
polonais – et le français, cela va sans dire. Edmonde
n'oubliera jamais la Bohême, ses villages aux
couleurs de pâte d'amandes et ses palais, de ville et
de campagne, ceinturés de parcs où Tourgueniev
et Liszt, Goethe et Beethoven flânèrent avant elle.
Les amis des Charles-Roux ont tous des ancêtres
qui ne voyageaient jamais sans leur pâtissier attitré
et leur maître de chapelle. Ils possèdent des salles
d'armes de 300 m$^2$, des bibliothèques pleines
d'incunables et des écuries dont les fresques, au
plafond, représentent le Rapt de Ganymède, l'Enlèvement d'Europe ou la Victoire de Persée sur
Méduse. Ces mêmes demeures furent transfor-
mées en entrepôts ou en usines par les communistes dès 1948 et l'on ne compta plus les salles
de bal désormais tapissées d'urinoirs destinés aux
camarades. Edmonde séjourna-t-elle au château de
Dux, où Casanova fut bibliothécaire pendant treize
ans ? Personne ne le sait mais l'auteur de *L'Histoire
de ma vie* était un homme selon son cœur.

Dans son roman *Elle, Adrienne,* Edmonde se penche avec tendresse et lucidité sur cet art de vivre désuet, qui lui fait penser à une langue morte. Elle ressuscite avec brio leurs idiosyncrasies – un comte peut bannir de sa liste d'invités des cavaliers maladroits, dont la mauvaise position, en selle, l'exaspère – ou leur goût pour l'excentricité. Le raffinement d'une salle de bains Art nouveau décorée par Alphonse Mucha lui inspire une scène inoubliable pour ses lecteurs. La mère du héros invite ses jeunes fils à prendre un bain chez elle tout en leur donnant une leçon de botanique très personnelle. Nus dans la baignoire, les frères doivent reconnaître toutes les feuilles et les fleurs peintes par Mucha sur les murs. Pour ses enfants, aucune autre récompense n'est comparable à ces cours d'histoire naturelle aquatiques.

À Prague, ville d'Arcimboldo et de Kafka, ville où fut créé le *Don Giovanni* de Mozart au théâtre Nostitz, les enfants Charles-Roux, lorsqu'ils quittent la salle d'études, assistent à des régates sur la Vltava et se promènent dans les jardins des palais Wallenstein et Kolovrat, qui offrent une vue imprenable sur la cité, dont les bulbes et les dômes sont une leçon d'art baroque. Le soir, ils accompagnent leurs parents au concert et à l'opéra, car si Sabine n'est pas maternelle pour un sou, elle ne veut pas d'enfants incultes qui lui feraient honte. Jean-Marie, Cyprienne et Edmonde sont polyglottes – ils parlent anglais, italien, allemand et tchèque en plus de leur langue maternelle – et mélomanes. À douze ans, Edmonde a vu sur scène toutes les œuvres de Dvorak ou de Smetana. Sa vie durant, elle conseilla aux parents qu'elle connaissait d'emmener leurs enfants au spectacle plutôt que de leur faire écouter des disques ou de regarder des concerts à la télévision. À ses yeux, seule cette confrontation pouvait leur donner le goût profond et durable de la musique.

Mais des couleurs plus sombres apparaissent dans cette vie protégée d'enfants de diplomate. En 1931, la famille reçoit à la légation un professeur de français qui vient d'être insulté par des jeunes gens fanatiques. Ces derniers lui font le salut nazi et l'injurient à cause de sa nationalité. Puis ils lui brûlent tous ses livres. Edmonde, qui a alors onze ans, en conçoit un malaise profond, le premier choc de sa vie. Son père prend la défense de l'enseignant bafoué mais de tels épisodes vont devenir monnaie courante.

Chaque année, il faut deux voitures pour partir en vacances et rejoindre Marseille – la première conduite par un chauffeur, la deuxième par François. Au couple et à leurs trois enfants viennent s'ajouter les nurses et les deux chiens, mais aussi des piles de bagages et des couvertures en drap cocher pour se protéger du froid, qui peut tomber à l'improviste dans ces régions, même en été. Les itinéraires varient et Edmonde découvre, éblouie, cette Europe centrale qui ne cessera jamais de la captiver. Salzbourg est une halte attendue de tous. Le festival de musique, fondé en 1920, a donné naissance à une vignette très *edmondienne*, car même la découverte d'une simple myopie se devait au moins d'avoir le Manège des rochers pour cadre et Arturo Toscanini pour figurant. En effet, à l'âge de onze ans, son père l'emmène voir une représentation du *Chevalier à la rose* du duo Strauss-Hofmannsthal, dirigée par le maestro italien. On explique à Edmonde qu'une grande amie de la famille, la cantatrice Jarmila Novotna, à la ville comtesse Daubec, va interpréter le chevalier. La petite fille s'extasie sur sa beauté, car c'est une femme superbe, mais François Charles-Roux comprend alors que sa cadette est myope comme une taupe car la chanteuse a été remplacée par un laideron. Désormais, Edmonde portera des lunettes.

Après l'Autriche, la tribu arrive dans les Alpes suisses, en Engadine. L'on s'arrête pour pique-niquer, les chiens gambadent et la petite troupe, paniers à la main, s'installe sous les arbres. Les enfants, vêtus de tussor, sont affamés. «À même l'herbe verte, nous prenions notre thé entre nos nurses en uniformes blancs au col amidonné, et tout un éparpillement de boîtes à sandwiches, de thermos, de petites serviettes et de timbales d'argent qui nous brûlaient à la fois les lèvres et les doigts», écrit Jean-Marie Charles-Roux. Les trois petits goûtent en écoutant leur gouvernante, Flory Bell. «Ses lèvres déversaient sur nos natures impressionnables, des histoires de fées pleines de tendresse et d'humour, des contes de la Bible et de Shakespeare, des motets chantés de Mozart et de Beethoven, des citations de Keats et de Shelley[19].» Des décennies plus tard, ses amis socialistes se moqueront copieusement d'Edmonde lorsqu'elle leur affirmait que l'on devrait édifier une statue en hommage aux Nannies. Ils ne pouvaient pas comprendre…

# II


« Rome est une ville sainte, la ville que Dieu a choisie pour avoir un pied-à-terre », écrit Malaparte dans *Kaputt*[1]. C'est à Rome que François est nommé ambassadeur de France auprès du Saint-Siège en juin 1932. Si Dieu a le Vatican pour pied-à-terre, celui de la tribu Charles-Roux est à peine plus modeste. Le palais Taverna, qui appartenait aux princes Orsini, tient autant de la forteresse que de la demeure de contes de fées. Avec ses murailles ocre, sa grande cour plantée de lauriers-roses et agrémentée d'une fontaine, et ses appartements décorés dans le style pompéien en vogue dans les années 1820, il offre un écrin idéal pour un diplomate ambitieux mais aussi pour une petite fille éprise d'Histoire et ennemie de la banalité, sa vie durant. Toujours friande de fantômes prestigieux, Edmonde est gâtée puisque la princesse des

Ursins, l'un des personnages les plus romanesques du XVIIe siècle, y vécut. Fine tacticienne, elle fut, à la demande de Louis XIV et de Mme de Maintenon, *camarera mayor* de la reine d'Espagne, au point de diriger le pays des coulisses à la place des souverains. Victime de ses intrigues, elle tombe en défaveur avant de retrouver Rome, où elle meurt oubliée de tous. Saint-Simon raconte qu'elle fit «tendre son palais de violet par un privilège particulier aux aînés de la maison Ursine[2]», un détail par essence *edmondien*.

L'Italie, pays à Paradis et à Enfer, fut, après la France, la terre d'élection d'Edmonde. Certes, elle est déchirée à l'idée de quitter Prague et ses amis bohémiens, mais passer d'un palais à l'autre fait partie de sa vie et se plaindre est étranger à sa nature. Son nouveau quotidien ? *Piano nobile*, promenades à cheval dans les jardins de la villa Borghèse, aboyeurs et «maître des postes» du pape, mais aussi salut à la romaine, l'équivalent italien du sinistre «Heil Hitler!». La vie reprend son cours et Sabine est une mondaine comblée. Son époux n'a jamais occupé un poste aussi prestigieux et les invités de marque se succèdent au Taverna : Colette, François Mauriac, le prince Sixte de Bourbon – frère de l'impératrice Zita –,

Paul Claudel, Arturo Toscanini et Arthur Rubinstein, qui joue devant la famille réunie, mais aussi
Pierre Laval ou Gabriele d'Annunzio – parrain
du futur époux de Cyprienne – dont Edmonde,
à quatorze ou quinze ans, s'amuse à traduire en
français un florilège d'aphorismes. Elle a désormais l'âge d'être admise au salon à l'heure des
drinks et les rencontre tous, oreilles et yeux grands
ouverts.

Docile jusqu'à un certain point, Edmonde refuse
désormais de continuer à être scolarisée à domicile.
Elle se rebelle, estimant qu'elle mérite mieux que
des gouvernantes dépassées et le savoir par correspondance du cours Hattemer. Il lui faut livrer
combat et lorsqu'elle s'empare des dés, elle ne
les lâche plus, il en sera toujours ainsi dès qu'une
cause la mobilise. Sabine déteste qu'on lui tienne
tête mais elle finit par capituler, même si cette soif
de savoir lui semble de mauvais goût et déplacée,
pour ne pas dire vulgaire, chez un membre du
sexe dit faible. Cyprienne, si étonnamment belle et
pleine d'esprit, se contente de jouer du piano et de
penser aux robes qu'elle portera pour sortir – elle
a trois ans de plus que sa cadette, autant dire un
siècle à l'adolescence.

Après un passage éclair par l'Institut d'ensei-
gnement de La Trinité des Monts, tenu par les
Sœurs du Sacré-Cœur, qui n'acceptent que les
filles de bonne famille, notre héroïne intègre le
lycée Chateaubriand où, à l'inverse, elle se retrouve
seule au milieu de dix-sept garçons, en classe de
cinquième. Elle constate immédiatement que ses
lacunes sont nombreuses et variées, ces carences
la hanteront toute sa vie. Edmonde est polyglotte, sa culture littéraire et musicale est infiniment supérieure à la moyenne mais que dire des
mathématiques, des sciences, de l'histoire et de la
géographie? Sans oublier la grammaire, la syntaxe
et toutes les finesses du français qu'elle maîtrise
parfaitement sans pour autant pouvoir en analyser
par écrit les complexités labyrinthiques. Ce
choix est déterminant, on ne peut comprendre la
femme qu'elle sera sans ce goût forcené du travail.
Edmonde s'enferme, entourée de manuels, et tente
par tous les moyens de rattraper ses retards divers
et variés.

Accompagnés de leurs parents, les enfants
Charles-Roux vont le dimanche à la messe à la
chapelle Sixtine ou à l'église Saint-Louis-des-
Français, ils assistent à des réceptions dans les
diverses ambassades, mais aussi chez leurs amis

romains, qui appartiennent pour la plupart à la «noblesse noire», des aristocrates qui tiennent leurs titres et privilèges du pape. Lorsqu'elle n'étudie pas, Edmonde aime aller goûter à la pâtisserie anglaise de la place d'Espagne, où le poète John Keats a passé les derniers jours de sa vie. Le Babington's tea-room est le plus ancien de la ville et Edmonde, adolescente, y voit Paul Morand ou le général Zinovi Pechkoff sans pouvoir imaginer un seul instant qu'ils deviendront des amis et qu'elle consacrera une biographie, malheureusement inachevée, au second. Ce fils adoptif de Gorki est un héros de la Légion étrangère amputé d'un bras – ses hommes, qui admirent son courage, ne l'appellent que «le manchot magnifique». Pechkoff travaille alors en Afrique du Nord avec Lyautey, que connaissent bien François et les siens – «nous appelions tante Inès la femme du maréchal Lyautey», précisera Edmonde à Étienne de Montety en 2003[3]. Elle découvre aussi dans ce salon de thé que la Russie, ce n'est pas seulement *Guerre & Paix* mais aussi des émigrés blancs sans le sou. Elle y croise des vieilles dames ayant fui le régime bolchevique, elles ont tout perdu et «payaient, prétendait-on, avec des broches et des bagues que l'on voyait à l'entrée, exposées pour la vente[4]».

À Prague, Edmonde était trop jeune pour s'intéresser au travail de son père mais à Rome, entre quatorze et dix-huit ans, elle suit attentivement les courbes de la vie politique et diplomatique. Au Taverna, François travaille avec deux conseillers, le premier est laïc, le second ecclésiastique. Il rédige des télégrammes quotidiens destinés au quai d'Orsay et passe ses journées en rendez-vous. Au Vatican, son interlocuteur principal est le Secrétaire d'État, Son Éminence le cardinal Pacelli, futur Pie XII, qui le reçoit en audience tous les vendredis. Dans ses *Cahiers,* le comte Kessler écrit que le cardinal «avait l'apparence d'un portrait de Bronzino descendu du mur[5]» et il souligne «tout ce qu'il y avait de féminin, de grande dame, d'élégant dans le comportement extérieur de Pacelli[6]». Ce dernier est l'homme à qui il peut s'adresser en toute occasion. Sa finesse politique et psychologique est proverbiale – Bossuet est son écrivain préféré, il en lit au moins quelques pages tous les jours – et il permet à François de ne pas perdre de temps dans les méandres de la Curie, l'ensemble des ministères pontificaux, et du Sacré Collège, qui réunit tous les cardinaux. Charles-Roux est un agent politique entre son pays et le Saint-Siège, il règle toutes les questions religieuses, sujet particu-

lièrement épineux puisqu'un anticléricalisme viru-
lent sévit toujours en France.

Mais, à Rome, le sujet de toutes les inquiétudes
est bien l'ascension constante de Mussolini. Son
mélange démagogique de nationalisme et de popu-
lisme parvient à convaincre un public toujours plus
nombreux que rien ne rebute, pas même les agres-
sions des chemises noires qui s'en prennent avec
violence à tous ceux qui leur résistent – syndicats,
coopératives agricoles, fonctionnaires socialistes et
démocrates chrétiens, minorités slaves des régions
frontalières. Les propriétaires terriens et les patrons
d'usine le soutiennent financièrement, préférant
un fascisme à l'italienne à la menace communiste.
En avril 1924, le parti de Mussolini obtient 65 %
des voix aux élections législatives et en décembre
de la même année, tous les journaux d'opposi-
tion sont interdits. En janvier 1926, il est autorisé
à gouverner par décrets-lois et le Parti fasciste,
désormais le seul en activité, peut établir sa dicta-
ture en toute liberté. En 1934, le Duce franchit un
nouveau pas en décidant d'attaquer l'Abyssinie
– actuelle Éthiopie – dans le seul but de rehausser
le prestige guerrier de l'Italie et de s'approprier de
nouvelles colonies. Son aviation bombarde le pays
en utilisant un gaz toxique interdit par la Conven-

tion internationale mais rien n'arrête le Duce dans sa quête de pouvoir. En 1937, c'est la création de l'axe Rome-Berlin. Benito Mussolini se voit désormais comme l'un de ces empereurs de la Rome antique, au statut de divinités vivantes. Notre nouveau César raffole des uniformes, des décorations et des parades militaires. Edmonde, qui le voit s'adresser à la foule de son balcon, rencontre dans la rue des enfants de son âge, vêtus de chemise noire, fusils de bois à l'épaule. Puis commencent le conflit en Abyssinie et la guerre d'Espagne, qui la traumatise si profondément et explique ses prises de position futures.

En ces années de crise, François Charles-Roux s'entretient régulièrement avec Pie XI, au Vatican mais aussi à Castel Gandolfo, sa résidence d'été. Parfois, le pape le reçoit en audience privée avec sa famille. Il évoque avec eux ses souvenirs de jeune prêtre en mission à Prague et Edmonde découvre alors, de l'intérieur, le faste de l'entourage pontifical : camériers secrets de cape et d'épée, gardes suisses avec leur hallebarde, fantassins de la garde palatine ou officiers de la garde noble. L'étiquette la plus stricte est également respectée lorsqu'ils reçoivent au Taverna de hauts dignitaires de l'Église, même leur cher ami Pacelli, qui vient prendre le thé ou dîner avec plaisir. Les ecclésiastiques arrivent à bord d'une automobile du Saint-Siège au fanion jaune et blanc, et des laquais en grande livrée, qui portent un cierge à la main, les accueillent et les conduisent jusqu'à l'entrée des salons – plus tard, il en sera de même pour les reconduire à leur véhicule. François, qui mène une carrière diplomatique très active, trouve encore le temps d'écrire des livres – comme *France et Afrique du Nord avant 1830* ou *Bonaparte, Gouverneur d'Égypte* – et d'être élu à l'Institut, le 27 décembre 1934. Edmonde partagera avec son père cette force de travail peu commune.

L'Italie, ce sont aussi des vacances en famille à travers le pays. Les Charles-Roux emmènent leurs enfants visiter Venise, Pise, Florence, Naples, Palerme – où Edmonde estime, à l'âge de quinze ans, avoir enfin trouvé sa terre bénie –, mais aussi Capri. C'est là que vers 1937-1938, elle voit deux femmes d'un certain âge, d'une élégance éblouissante, prendre un verre à la marina Piccola. Il s'agit de Misia Sert et de Coco Chanel, vêtues de blanc et chaussées d'espadrilles, en cheveux, comme l'on disait autrefois. «Elles étaient royales[7]!» La jeune Edmonde en conçoit un amour du blanc, qu'elle adopte comme couleur favorite jusqu'à la guerre, et une fascination durable pour Coco, à qui elle consacrera un roman, une biographie et un album. Elle est d'autant plus intriguée par la couturière que Sabine a pour amie Vera Bate-Lombardi, une aristocrate anglaise qui est très proche de Coco et s'occupe des relations publiques de Chanel Couture-Sport à Paris, Londres et Rome. Edmonde fait, grâce à sa mère, la connaissance de cette *English Rose* qui a été courtisée par Churchill et le prince de Galles, a sauvé des blessés lorsqu'elle était infirmière pendant la Première Guerre mondiale et monte à cheval comme personne. Vera est également une bâtarde Windsor, fille illégitime du frère de la reine Mary. Son point fort ? Faire tourner les tables et convoquer les esprits de l'au-delà, ce qui intéresse prodigieusement André Breton, dont elle croise la route. Elle est médium mais peut aussi vous donner, à l'occasion, des cours de yoga tantrique. Autant dire l'un de ces personnages excentriques qui s'inscrit logiquement dans la constellation Charles-Roux.

La famille séjourne également à Marseille et à Paris. Dans la capitale française, Edmonde est introduite très jeune dans un milieu qui mêle harmonieusement haute société et artistes. «Aux mercredis de Nadia (Boulanger), en 1934, on apprenait la *Perséphone* de Stravinsky», écrit François Michel. «C'était une commande qu'avait faite Ida Rubinstein à Stravinsky. Le livret, de Gide, était des plus plats, mais fort belle la musique d'Igor que, ô dérision, Gide détestait. Chez Nadia, Edmonde Charles-Roux… était la récitante[8].» Que ne donnerions-nous pas pour offrir au lecteur un point de vue *edmondien* sur Nadia Boulanger, décrite en ces termes, à la même époque, par Virginia Woolf : «Elle a essentiellement le type de l'institutrice aux vêtements fatigués, est française, se tient très, très droite, a du chic, n'est nullement mal fagotée, mais un peu râpée. Avec une broche sans valeur, mais la porte exactement là où il faut[9].» Tout ce que nous pouvons affirmer, c'est qu'Edmonde, qui a une fort jolie voix, prendra des cours de chant pendant l'Occupation avec Gisèle Perron, un professeur très proche de la célèbre pianiste et chef d'orchestre.

Alors que l'on entend la *Giovinezza*, l'hymne fasciste, à tous les coins de rue, et que, jusque dans la douce Toscane, «les murs des maisons étaient partout barbouillés de slogans destinés à vous convaincre que *La Guerra è bella*[10]», Edmonde fait ses débuts dans le monde, à dix-sept ans. Elle se croit laide, défavorisée face à Cyprienne. Sa sœur,

qui est l'une des grandes beautés de sa génération, fait sensation dans les bals auxquels elles
sont conviées. Edmonde se console en travaillant
beaucoup, elle passe pour une intellectuelle, ce
qui est une insulte dans leur milieu. Pourtant, elle
n'a rien du vilain petit canard noir face au cygne
Cyprienne, loin s'en faut. En réalité, elle est une
jeune fille brune, ravissante et mince, et tout aussi
élégante que sa sœur. Lorsqu'elle apparaît à une
réception, à Rome ou à Paris, elle retient tous les
regards, ainsi que le note son frère. «Quand hier au
soir, Edmonde [...] est entrée dans ma chambre,
avec des conques d'émeraude aux bretelles de son
fourreau de satin blanc et d'autres dans le soyeux
ondoiement de ses longs cheveux bruns, elle avait
tant d'éclat que je me mis en tête de l'accompagner
au bal pour le seul plaisir de jouir de l'effet qu'y
produirait son entrée[11].» Détail très *edmondien*, le
tissu de sa première robe du soir a été offert par
leur ami le cardinal Pacelli. Il s'agit d'une étoffe
envoyée d'une mission catholique à l'étranger
mais les motifs qui l'ornent ne se prêtent guère à
des garnitures d'autel au Vatican. Il en fait donc
cadeau à Edmonde, et Sabine demande à Madeleine Vionnet de la transformer en robe de bal pour
sa cadette.

Mais la débutante est surtout mobilisée par le travail académique et la lecture. Elle prépare alors son baccalauréat, que l'on passe à l'époque en deux parties, et recherche le calme et l'isolement pour se concentrer, loin de l'agitation de Rome et du palais Taverna. C'est ainsi qu'elle trouve refuge sur les rives du lac de Constance, villégiature préférée du cardinal Pacelli, dans «une demeure de couleur groseille, du XVIIIᵉ siècle, dont on voudrait qu'elle fût le rendez-vous d'été des héros de Mozart[12]». C'est là que son frère la retrouve et les lignes qu'il lui consacre disent tout du profil intellectuel, psychologique et émotionnel de cette petite sœur qu'il admire visiblement beaucoup. «Edmonde m'apparut, toujours en blanc, selon sa coutume, ses amples cheveux bruns tombant sur ses épaules. Seul l'entourait un ciel sans nuages, dont la profondeur paraissait moins infinie que celle de son regard. "C'est ici, m'a-t-elle dit, un site rêvé pour l'étude et la méditation[13]."»

Leurs conversations nous offrent une plongée dans l'univers intérieur d'une jeune fille mature et lucide qui, à l'âge adulte, se livra peu, remettant immédiatement à sa place tout interlocuteur trop indiscret à son goût. «Je n'ai pas... une tête à citations, à spéculations dans l'ordre des idées», confie-t-elle à son frère. «Lire est simplement ma façon de visiter le monde en son essence même; d'apprendre à connaître mes semblables en leur âme et leur sang; de me faire enfin des amis parmi des personnages dont les charmes et les traits attachants ne sont souvent que de brillants commentaires sur le caractère de leurs auteurs[14].» Lorsqu'elle ne révise pas, elle ne quitte pas Jean-Marie. «Assise à mes côtés, ma sœur Edmonde savourait ces grâces de l'heure avec cette intensité sans tension ni tendance qui est le propre, comme je l'ai souvent observé, des âmes musiciennes. "Nous voici, me suis-je dit, respirant, en fait cette ambiance de paix, de tendresse, d'harmonie suprêmes qu'évoquent les fresques de Vanucci au Cambio de Pérouse[15]."» Ils sillonnent ensemble les environs, dînent en plein air dans une prairie et savourent une sérénité menacée par l'approche de la guerre. «Avec le recul des années, cette phase de nos vies a pris un aspect merveilleux. À présent, en effet, dans la magie du passé, elle paraît n'avoir jamais comporté que des activités ailées et des émois heureux[16].»

# III

En 1939, la tribu Charles-Roux est réunie pour la dernière fois à Rome avant des années de tourmente et de séparation. Le 23 février, Cyprienne épouse Marcello del Drago, un prince romain qui a vingt-cinq ans de plus qu'elle. Dans sa robe blanche de Vionnet, elle ressemble à un lys qui aurait pris vie, un lys qui a désormais autant de titres qu'une héroïne des *Chroniques italiennes* de Stendhal, puisqu'elle est princesse mais également marquise de Riofreddo. Ajoutons que la grand-mère de son époux, Marie-Christine de Bourbon, princesse des Deux-Siciles, fut régente d'Espagne. Personne ne sait ce que pense alors Edmonde dudit mari, qui ne cache pas son soutien à Mussolini.

Cyprienne fait désormais partie de ce que Malaparte appelle «la tribu dorée des *beauties* du palais

Colonna et des *dandies* du palais Chigi[1]», autrement dit la cour du gendre du Duce, le comte Ciano, avec qui certains prétendent qu'elle eut une liaison. Le gratin romain, avec «son avidité d'honneurs et de plaisirs, son indifférence morale[2]» ne manque pas de chic : la Rome des pique-niques nocturnes aux chandelles, au milieu des tombeaux antiques et des cyprès de la Via Appia Antiqua et de l'«Horace de Schiaparelli : à savoir un exemplaire d'Horace enveloppé d'un mouchoir ou d'un sachet de soie, comme Schiaparelli, dans le dernier numéro de *Vogue*, recommandait d'en employer pour protéger les livres du sable ardent des plages marines ou de la poussière humide des champs de golf[3]». Cyprienne n'est pas seulement exquise à regarder, loin s'en faut; c'est aussi une femme de tête, d'esprit et de cœur avec ses proches. Les trois enfants Charles-Roux s'adorent, et il en sera ainsi jusqu'à la fin de leur très longue vie. Rien ne viendra modifier cet équilibre, et surtout pas des divergences idéologiques ou politiques. Mais force est de constater que les deux sœurs vont vivre la Deuxième Guerre mondiale de manière diamétralement opposée.

Quelques jours avant la cérémonie, Pie XI est mort et c'est leur ami Pacelli qui lui succède, le 2 mars, sous le nom de Pie XII. Il s'acquitte d'abord d'un rite funèbre peu connu du public : « frapper trois coups de marteau sur la tête du défunt, en l'appelant chaque fois par son nom de baptême. Macabre tradition, perpétuant un procédé rudimentaire pour s'assurer que le Pontife ne donne plus signe de vie[4] ». François Charles-Roux assiste à toutes les cérémonies mais tel n'est pas le cas d'Edmonde, qui a quitté l'Italie après le mariage de Cyprienne. La voilà désormais à Marseille où elle fête son dix-neuvième anniversaire le 17 avril. La légèreté n'est pas au rendez-vous puisque, consciente que la guerre peut éclater d'un instant à l'autre, elle décide, avec sa meilleure amie, Nadia Pastré, de devenir infirmière. Elles sont aussi proches intellectuellement que différentes physiquement – Edmonde est brune, mate, très provençale, alors que Nadia est « une jolie blonde avec une peau pulpeuse qui ressemblait aux anges peints par Piero della Francesca[5] ».

Toutes deux aiment leur pays, elles sont profondément patriotes. Exposer sa vie à de réels dangers fait partie de ce pacte intime. À dix-neuf ans, elles sont prêtes à défendre la liberté, la justice et la raison – en un mot, la civilisation. Mais en attendant, il leur faut obtenir un diplôme. C'est ainsi que les deux amies suivent une formation d'infirmière dispensée par la Croix-Rouge. Elles découvrent alors l'horreur qui règne dans les hôpitaux de Marseille. Les patients s'entassent à quarante par chambre, les conditions d'hygiène sont déplorables. Edmonde n'oubliera jamais ces scènes de misère humaine. Au bout de neuf mois, elles passent leur concours et arrivent les premières. Elles peuvent choisir leur affectation et optent pour l'armée. Fin avril, elles partent pour Verdun. L'invasion commence le 10 mai. Il faut imaginer ces jeunes filles, seules sur les routes de France, alors qu'elles viennent d'obtenir leur permis de conduire – sept jours plus tôt dans le cas de Nadia.

Le 1er septembre 1939, Hitler attaque la Pologne et le 3, la France et la Grande-Bretagne déclarent la guerre à l'Allemagne. Le 10 mai 1940, l'armée nazie envahit la Hollande, la Belgique et le Luxembourg et le 16, elle pénètre en territoire français. Première femme à se porter volontaire, comme infirmière-ambulancière, pour accompagner au front une unité de la Légion – en l'occurrence le onzième régiment étranger d'infanterie –, Edmonde est affectée en mars 1940 à l'ambulance lourde n° 29, qui dessert le secteur de Verdun. En mai, elle est blessée lors du bombardement de son hôpital de campagne, à Bras-sur-Meuse, en portant secours à un légionnaire. On lui décerne, pour acte de bravoure, un grade de caporal-chef de réserve dans la Légion étrangère, elle est décorée de la croix de guerre et citée à L'ordre de l'armée. *Le Journal* du 30 août 1940 lui consacre les lignes suivantes :

«UNE JEUNE FILLE DE CHEZ NOUS

26 juin 1940. Citation à l'ordre du corps d'armée :

Mlle Edmonde Charles-Roux infirmière à l'ambulance chirurgicale lourde n° 29.

Jeune infirmière animée d'un zèle et d'un courage au-dessus de tout éloge. Le 12 mai 1940, ayant été blessée, contusionnée et à moitié ensevelie sous une grange, atteinte par le bombardement, a refusé d'interrompre son service et a continué ses soins aux blessés jour et nuit, a fait preuve du même sang-froid et de la même endurance au cours de la retraite, au volant d'une voiture de la formation, malgré le bombardement et les pires difficultés.

Médecin général Liégeois, aide-major général du service santé.»

Le soir, dès qu'elle dispose d'un moment de répit, Edmonde s'isole et relit *Guerre et Paix* – son roman préféré est devenu son baromètre littéraire, sa référence ultime. «Eh bien, mon cosaque[6]?» Comment ne pas penser à la façon dont Maria Dmitrievna appelle la jeune Natacha car il y a aussi du cosaque chez Edmonde. Mais au bout d'une semaine, son unité se retire et traverse le pays pour se retrouver dans le sud de la France.

À Montpellier, elle apprend que François et Sabine sont à Vichy et elle part aussitôt les retrouver. Les Charles-Roux ont quitté Rome le 20 mai 1940, laissant avec inquiétude Cyprienne derrière eux puisque l'Italie entre en guerre contre la France et la Grande-Bretagne le 10 juin. Une fois à Paris, François succède à Alexis Léger au poste de secrétaire général des Affaires étrangères. Lorsque les Allemands s'approchent de la capitale, le gouvernement transfère son siège en Touraine et François, qui quitte le Quai d'Orsay le 10 juin, n'y reviendra qu'en août 1944. Dans *La Fin des Ambassades*, Roger Peyrefitte s'attaque avec férocité au père d'Edmonde à plusieurs reprises. Il raconte qu'à Tours, «Charles-Roux [convoque] les chefs de service pour leur faire théâtralement ses adieux, en

Napoléon de la Carrière. Le "Fuir, fuir, fuir" de l'ambassadeur Charles-Roux remplaçait le "Tenir, tenir, tenir" de l'ambassadeur Coulondre[7].» Plus loin, il porte le coup de grâce en l'accusant d'avoir «des ailes d'oiseau fuyard[8]». Quoi qu'il en fût, l'on sait que Pierre Laval ne devient pas ministre des Affaires étrangères le 16 juin 1940 car François tient tête au maréchal Pétain, et cela mérite d'être souligné, même si le répit est de courte durée. Edmonde ne pardonna jamais à Peyrefitte, qu'elle considérait comme son ennemi juré et un traître à la cause Charles-Roux. Il fut son Brutus, son Iago, son professeur Moriarty.

Enfin, le siège du gouvernement est transféré à Vichy le 1er juillet 1940. C'est là qu'Edmonde retrouve ses parents, à l'Hôtel du Parc, où ils vivent au même étage que Pétain. Sa mère, fidèle à elle-même, a commandé une «tenue d'abri» haute couture à Schiaparelli, qui l'habille depuis que Madeleine Vionnet a pris sa retraite, le premier jour de la guerre. Son père va de réunion en comité, et Edmonde assiste de l'intérieur au désordre qui règne dans la ville où l'on manque cruellement de place. À tel point que les séances de travail du ministère de l'Intérieur se déroulent au casino de Vichy. «Faites vos jeux, rien ne va plus...»

Quant aux télégrammes, ils arrivent en plusieurs morceaux et rarement dans l'ordre, beaucoup y perdent leur latin.

L'anglophobie du gouvernement Pétain-Laval inquiète de plus en plus François, tout comme la virulence des propos antisémites à la radio et dans les journaux, même en zone libre. Le témoignage d'Edmonde est pris en compte puisqu'elle lui fournit des éléments qu'il rapporte à Paul Baudoin, le ministre des Affaires étrangères. «Utilisant des renseignements rapportés par une équipe d'infirmières qui venait de circuler entre Besançon, Vesoul, Dôle, Épinal, Saint-Dié, Toul, Verdun, Lunéville et Nancy, je signalais au ministre que les expulsions de Lorrains continuaient par fournées; que les Allemands commençaient à fusiller les civils dont ils avaient à se plaindre, et à faire afficher l'annonce des exécutions; qu'ils réquisitionnaient copieusement, notamment chevaux et attelages de ferme…; qu'ils maltraitaient indignement nos indigènes coloniaux, prisonniers de guerre, spécialement nos Sénégalais, contre qui leur barbarie était scandaleuse[9].»

Depuis le 1er septembre 1939, la famille s'est métamorphosée. Edmonde, qui a fait preuve de courage et d'héroïsme, a-t-elle alors, à Vichy, des nouvelles de sa sœur? «À Rome, l'on disait que Cyprienne avait sablé le champagne lorsque les Allemands étaient entrés dans Paris. Selon une autre rumeur, elle aurait donné un bal pour fêter l'événement», témoigne Simonetta, duchesse Colonna di Cesaro, avant d'ajouter : «Mais qui sommes-nous pour juger[10]?» Quant à son époux, le prince del Drago, il est le chef de cabinet du comte Ciano, ministre des Affaires étrangères et gendre du Duce. N'offrent-elles pas un parallèle troublant avec ce que vivaient, en Angleterre, les célèbres sœurs Mitford? Cyprienne, dans le rôle de la belle aristocrate mussolinienne, est un croisement de Diana – mariée au chef des fascistes anglais – et de Unity, amie exaltée d'Adolf Hitler. Tandis qu'Edmonde – résistante, femme de gauche et futur écrivain – est un hybride de Nancy la gaulliste et de Jessica la communiste, qui devinrent toutes deux, elles aussi, des femmes de lettres de renom. Oui, les sœurs Charles-Roux sont bien l'équivalent français des Mitford. Un mot enfin de Jean-Marie, dont le parcours de guerre est impeccable. En septembre 1939, il rejoint un peloton de cavalerie en Lorraine puis, après l'armistice de juin 1940, il gagne la Tunisie mais une chute de cheval l'oblige à revenir en France. Arrêté dans les Pyrénées espagnoles, il ne doit son salut qu'à une intervention de l'ambassade britannique. Puis on le retrouve en Afrique du Nord, où il travaille aux côtés du général de Gaulle, notamment comme traducteur puisqu'il est polyglotte. Jean-Marie, très fier d'Edmonde, garde sur lui, dans son portefeuille, la photo de sa cadette, parue en première page de *Paris-Soir* lorsqu'elle a reçu la croix de guerre.

En novembre, François décide de se retirer car la situation lui est devenue intolérable. «Je me sentais au terme de ce que je pouvais supporter, sans engager ma responsabilité dans une ligne de conduite que je n'approuvais pas, au bout des concessions que je pouvais faire à des idées qui n'étaient pas les miennes[11].» Autant dire le comble de la colère et de l'indignation pour un diplomate. On lui propose l'ambassade de Buenos Aires mais il refuse et démissionne – sa décision est annoncée dans la presse et à la radio. Son appartement parisien ayant été réquisitionné, il rejoint alors Marseille où il s'installe avec Sabine et Edmonde, démobilisée en septembre – cette dernière y vivra jusqu'au débarquement en Provence. Les Charles-Roux n'ont qu'une obsession, se débarrasser des nazis. Ils cachent, chez eux, des juifs et des déserteurs allemands, servent de dépôt de munitions pour des résistants. Ils peuvent être dénoncés et arrêtés mais leur idéal prime sur tous les dangers encourus.

Sabine fait partie du comité de soutien du journaliste Varian Fry, arrivé à Marseille en août 1940, où il crée le CAS ou Centre américain de secours, destiné à aider intellectuels, artistes ou juifs en fuite à rejoindre l'Angleterre ou les États-Unis. Alors qu'il séjournait à Berlin en 1935, Fry avait été horrifié en voyant, dans un café, deux nazis clouer sur la table à coups de couteau la main d'un juif. Cet épisode fit de lui l'un des Justes de la Deuxième Guerre mondiale. Il parvient à sauver des milliers de personnes, parmi lesquelles de nombreux juifs anonymes, mais aussi des personnalités comme Hannah Arendt, André Breton, Max Ernst, Claude Lévi-Strauss, Marc Chagall, Heinrich Mann ou Alma Mahler, pour n'en citer que quelques-uns. Officiellement, il est chargé d'attribuer des bourses à des universitaires européens afin de les aider à s'installer aux États-Unis. Marseille est encore en zone libre et les réfugiés affluent de toutes parts, avec l'espoir d'embarquer vers un avenir plus clément.

Dès son installation dans la cité phocéenne, Edmonde passe l'essentiel de son temps à

Montredon, chez Lily Pastré. La comtesse a bien changé au fil du temps, elle est désormais énorme, négligée, fanée, accablée par les désillusions conjugales. Un portrait peint en 1940 par l'artiste danois Mogen Tvede dit tout d'elle : en cheveux, pieds nus, traînant en chemise de nuit, elle écrit dans un fouillis de papiers et de livres, loin de toutes contraintes physiques ou intellectuelles, à l'image de son embonpoint. Un portrait-robot de la femme qu'Edmonde retrouve en cette même année 1940. Les méchantes langues disent qu'elle ressemble à «un lit défait[12]». Abandonnée par son mari – l'insulte suprême dans leur milieu –, incapable de communiquer avec ses trois enfants, Lily exprime le meilleur de sa personnalité en soutenant tous les artistes qui se réfugient dans sa propriété de Montredon. Logés, blanchis, nourris, ils sont encouragés à créer par cette femme infiniment mélomane – la musique est bien la grande passion de sa vie – qui prend également en charge leurs frais médicaux et ceux de leurs proches, lorsqu'ils arrivent en famille. Parmi ses protégés, beaucoup sont juifs et ne doivent leur survie qu'à la comtesse Pastré, qui les héberge et leur fournit de faux papiers lorsqu'ils doivent prendre à nouveau la fuite. À leurs côtés, Lily revit, elle retrouve enthousiasme et joie de vivre.

C'est à la Villa Provençale de Montredon, un mas du XVIIIe siècle entouré de pinèdes qui mènent à la mer, qu'Edmonde devient amie avec la pianiste Clara Haskil, le violoncelliste Pablo Casals, les peintres André Masson et Christian Bérard, le chorégraphe Boris Kochno, le danseur étoile Serge Lifar, les auteurs Jean Giraudoux et Luc Dietrich, mais aussi Édith Piaf ou Louis Jouvet et tant d'autres talents de premier ordre. Ils répètent, dessinent, peignent, écrivent et, à la nuit tombée, donnent des concerts ou des spectacles pour remercier leur généreuse hôtesse, qui dépense des fortunes au marché noir pour nourrir ses troupes sans jamais évoquer de telles questions devant eux. Edmonde ne les quitte plus. « Ce sont mes écoles à moi, mes universités et c'est là, pendant la guerre, que je les ai faites[13]. »

L'épisode le plus poétique et le plus improbable de la vie culturelle sous l'Occupation en France se déroule chez les Pastré à Montredon. En effet, alarmée par la détresse du chef d'orchestre Manuel Rosenthal, qui ne peut plus se produire en public, comme tous les juifs persécutés par le régime de Vichy et la Gestapo, Lily pense qu'il serait idéal de monter *Le Songe d'une nuit d'été* sur sa propriété, afin de mobiliser les forces de tous ces talents inexploités – et de leur verser, au passage, des cachets très généreux. Ce choix est cohérent puisque l'histoire de ces deux couples d'amoureux contrariés se déroule en Grèce et à Marseille et offre un versant français de la Méditerranée. De plus, derrière le propos très onirique, dans lequel interviennent un roi des elfes, une reine des fées, le lutin Puck et des sylphes prénommés Fleur des Pois, Graine de Moutarde ou Toile d'Araignée, Shakespeare montre à quel point le monde de la nuit n'est qu'angoisse et désordre, et ce climat de ténèbres est comme une image de la présence nazie dans notre pays.

Aussitôt dit, aussitôt fait. Chacun est partant pour donner naissance à ce spectacle, qui n'aura lieu qu'un seul soir, le 27 juillet 1942, et dont les costumes doivent être brûlés à l'issue de la représentation – le symbole se passe de commentaires. Tout est difficile, épineux, en ces temps de restriction mais rien n'arrête Lily, prête à dépenser des sommes folles pour défier le destin. Rosenthal dirige la partition qui accompagne le texte, et la mise en scène est imaginée par Jean Wall, autre artiste juif ayant dû fuir Paris. Les décors et les costumes sont conçus par «Bébé» Bérard, secondé par Ira Belline, la nièce de Stravinsky – ils feront des miracles en rachetant aux poissonnières marseillaises la tarlatane qu'elles utilisent pour protéger leur marchandise sur le port. Quant à la chorégraphie et aux éclairages, ils sont confiés à Boris Kochno, le compagnon de Bérard. Les répétitions s'enchaînent, chacun met la met à la pâte, jusqu'au majordome de Lily, qui cueille des kilos de lierre pour dresser la couche de la reine des fées.

Le jour J, le Vallon des autruches, derrière la Villa Provençale, est prêt à accueillir le public venu en nombre, parmi lesquels Sabine et François Charles-Roux ; ils prennent place sans Edmonde, qui fait partie des cinq sylphes. À 21h30, sièges et bancs sont pleins et Lily préside l'assemblée, avec Clara Haskil à ses côtés. C'est alors qu'un Allemand fait son apparition et chacun retient son souffle en pensant au nombre de juifs, sur scène et dans le public. Il s'agit du comte de Thun, consul de l'Allemagne nazie. L'homme s'installe sans dire un mot, sans saluer personne. Il assiste à la représentation, et se retire, toujours silencieux. Une soirée idéale, sans le moindre nuage. Le seul Allemand présent est pacifique et la lune apparaît, comme par miracle, dans le ciel marseillais au moment même où Oberon, qui arrive à cheval, s'adresse à elle. Edmonde tient parfaitement son rôle aux côtés de mesdemoiselles de Barante, Borelli, Harbley et Storm. De toutes ces jeunes filles, elle est la seule à figurer aujourd'hui dans les dictionnaires.

Lorsqu'elle n'est pas à Montredon, Edmonde prend des cours de chant avec Gisèle Perron, très proche de Nadia Boulanger. Sa voix mêle technique et sensibilité, à tel point qu'un temps, elle pense en faire son métier, mais la guerre met fin à ce rêve. Sa vie pendant l'Occupation est loin de se résumer aux seules conversations intellectuelles et à l'art lyrique. Edmonde a des activités clandestines, elle rejoint la Résistance à la demande des FTP-MOI[14] et transporte armes et matériel, mais aussi tracts et journaux clandestins, pour le réseau Brutus, dans une ambulance de la Croix-Rouge, dès qu'elle parvient à se procurer des bons d'essence. Enfin, elle observe les arrivées et les départs de bateaux dans le port afin de renseigner ses amis résistants[15]. Elle est très discrète et ne se confie à personne sauf à son frère, qu'elle retrouve à Nice l'espace de quelques heures. « Étrange période, me dit notre intrépide Edmonde, que ce temps de guerre où l'on se peut voir imposer, de but en blanc, des devoirs qui, dans la norme, n'incomberaient jamais qu'à ces rares et hautes exceptions que sont, dans l'Histoire, l'Église et la Légende, les héros[16].» Elle lui apparaît «comme flocon ou âme de neige, uniformément blanche[17]».

Les Allemands entrent dans Marseille le 12 novembre 1942 alors que la population, privée de tout, meurt de faim ou presque tandis que les truands font fortune au marché noir. C'est le seul port de Méditerranée qu'ils parviennent à contrôler sans le soutien de leurs alliés et cinq mille SS sillonnent les rues, chargés d'«assainir» la ville. Les juifs sont dès cette date en grand danger et à Montredon, la Gestapo fait des descentes régulières. Grâce à son réseau, Lily, prévenue en temps et en heure, parvient à mettre ses protégés à l'abri, en pleine nature. Mais cela devient de plus en plus hasardeux et Clara Haskil doit se résoudre à partir, bien que convalescente après une lourde opération au cerveau, financée et organisée dans le plus grand secret par sa bienfaitrice. Elle a déjà été arrêtée au cours d'une rafle, au cœur de Marseille, et la comtesse, qui a mis tout en œuvre pour lui rendre la liberté, sait qu'il serait inutile et dangereux de provoquer à nouveau le destin. Lily parvient à lui acheter de faux papiers et son départ clandestin pour la Suisse porte le sceau *edmondien*. En effet, un journaliste de radio marseillais, alors très connu, clame partout que la comtesse va lui faire quitter la France en compagnie de Mme Haskil. Ses indiscrétions mettent en danger la pianiste juive et Edmonde, secondée par Pierre et par le chauffeur italien de la famille Pastré, lui rend une petite visite. Elle le gifle et le trio lui ordonne de ne plus dire un mot, s'il veut rester en vie. Notons que le destin d'Edmonde a été lié à un autre pianiste de grand renom, Samson François, lui aussi recueilli à Montredon. Pour pouvoir travailler tranquillement, loin de l'agitation de la Villa Provençale, il finit par s'installer chez les Charles-Roux, qui mettent trois pianos à sa disposition. Edmonde se démène pour le faire engager ici et là sur la Côte d'Azur, jusqu'à Monte-Carlo, afin qu'il gagne un peu d'argent, et il n'oubliera jamais leur bienveillance à son égard, demeurant leur ami jusqu'à sa mort prématurée en 1970, à l'âge de quarante-six ans.

Le débarquement des Alliés en Normandie se déroule le 6 juin 1944, son équivalent provençal a lieu le 15 août. C'est Jean de Lattre de Tassigny qui mène les troupes : un héros *old school*, plus jeune général de France en 1940. Arrêté pendant l'Occupation pour avoir refusé les ordres du gouvernement de Vichy, il s'est évadé de prison et a rejoint de Gaulle en 1943. Il débarque sur la côte des Maures avec l'aide des Américains et des Anglais, mais aussi des soldats marocains. Dans *Elle, Adrienne*, Edmonde rend un hommage vibrant à ces goumiers «couleur d'écorce» qui lui évoquent «l'image d'un loup[18]». La cité phocéenne est libérée le 29 août et elle fait alors la connaissance de Jean de Lattre par l'intermédiaire de son frère Jean-Marie. Le général l'affecte à son état-major, pensant que cette jeune femme décorée de la croix de guerre, polyglotte et infirmière, pourrait lui être très utile. Edmonde est en train de soigner les victimes du soulèvement de Marseille dans la clinique clandestine des Francs-Tireurs-et-Partisans lorsqu'une jeep vient la chercher pour l'emmener vers de nouvelles aventures, en l'occurrence la campagne Rhin et Danube. Mais elle refuse de couper ses cheveux et fait retoucher son uniforme. «Je ne comprenais pas qu'en plus de la guerre il fallait être mal habillée, avec des cheveux courts! Ce n'était pas dans le règlement! Là, j'étais carrément rebelle[19].»

Ils remontent la vallée du Rhône et libèrent plusieurs villes, Saint-Étienne ou Lyon. Puis le général et ses troupes atteignent le Rhin et reprennent Mulhouse et Belfort aux mains des ennemis. À partir de janvier 1945, Edmonde assiste en première ligne à l'épisode dit de «la poche de Colmar», une bataille longue de trois semaines, du 20 janvier au 9 février. Peu avant les hostilités, le général de Lattre la nomme assistante sociale divisionnaire de la 5ᵉ Division blindée, poste créé pour elle à cette occasion. Les combats sont d'une violence rare et les conditions météorologiques épouvantables car, cette année-là, l'hiver est particulièrement rigoureux. Dans Colmar enfin libérée, Edmonde pilote Lee Miller qui fait un reportage sur la 5ᵉ D.B. On se prend à rêver en imaginant une rencontre entre ces deux femmes… Lee a été le mannequin vedette de *Vogue,* la maîtresse et la muse de Man Ray, la statue animée du *Sang d'un poète* de Cocteau et une photographe surréaliste, avant de devenir grand reporter de guerre et lady Penrose. Ses clichés du camp de concentration de Dachau feront le tour du monde. Edmonde a beaucoup entendu parler de cette Américaine singulière à Montredon, par leurs amis communs Bérard et Kochno, et les photos d'elle prises par Lee disent tout de leur complicité immédiate. «En parcourant la région dévastée avec elle, Edmonde Charles-Roux prit soin de faire valoir le rôle des femmes dans l'armée française. Après avoir rencontré les ambulancières, Lee les photographia dans leur hôpital», écrit Carolyn Burke. «Elles rendirent visite aux civils blessés logés dans les églises ravagées[20].»

Alors que la Première armée française parvient en Autriche, Edmonde est blessée pour la deuxième fois et citée à l'ordre de la division. Lorsque le général de Lattre de Tassigny représente la France à la signature de la capitulation allemande à Berlin le 8 mai 1945, la jeune femme sait que la guerre est enfin terminée. À vingt-cinq ans, elle en sort avec une conscience blanche comme neige et des certitudes inébranlables. «Ma génération pensait que, sans la Russie, nous n'aurions jamais gagné la guerre. Ce que je continue de maintenir», confiait-elle en 2011. «On avait pour l'Armée rouge le plus grand respect. Je ne me suis jamais laissé déranger dans mes convictions[21].» En cinq ans seulement, elle a tout traversé, tout expérimenté : le danger, l'espoir, la victoire, le courage, l'apprentissage de la liberté, mais aussi les ombres, la haine et le spectacle de la médiocrité humaine. Il lui faut maintenant se forger un avenir, ou plutôt un devenir. Sa devise pourrait être alors cette pensée de François Ier : «Je me nourris du bon feu, j'éteins le mauvais.»

# IV

En 1944, les Françaises obtiennent enfin le droit de vote, et un an plus tard, elles peuvent, en théorie, revendiquer un salaire égal ; il leur faudra attendre vingt et un ans de plus pour ouvrir un compte en banque sans l'accord de leur époux, et de leur père ou frère pour celles qui ne sont pas mariées. Edmonde entend bien profiter de toutes les libertés dont elle dispose et conquérir celles qui lui manquent encore. Depuis l'âge de dix-neuf ans, elle refuse les mises en garde et les frustrations et a prouvé qu'elle savait naviguer parmi les écueils avec une maturité impeccable. Affranchie d'un destin programmé par d'autres, celui des filles de son milieu et de sa génération, elle emprunte un chemin plus exigeant et ignore tout ou presque des joies de la basse-cour, où dindes et oies blanches caquettent allègrement, une tasse de thé à la main.

Edmonde n'est pas faite pour le gynécée et elle fréquente surtout des hommes. «La mystique féminine», qui donne la part belle à la maternité et au rôle d'ange gardien du foyer, ne la concerne pas. La force, physique et morale, dont elle a fait preuve pendant la guerre est une exigence personnelle autant qu'un devoir, et elle n'en manque pas pour envisager son avenir. Elle semble même reconnaissante pour toutes les difficultés qu'elle rencontre car l'adversité la galvanise, et il en sera toujours ainsi. Plus fourmi que cigale, autre caractéristique éminemment *edmondienne*, elle pourrait faire sien le constat de Sherlock Holmes au docteur Watson : le travail ne la fatigue jamais, seule l'oisiveté l'épuise.

Elle quitte Marseille pour Paris et élit domicile dans l'hôtel particulier où vivent ses parents, au n° 7 bis de la rue des Saints-Pères, dans le sixième arrondissement. Sabine et François occupent le rez-de-chaussée de cette belle demeure, entre cour et jardin, à quelques mètres de la Seine, et Edmonde s'installe au dernier étage, sous les toits, où elle vivra jusqu'à sa mort. Dans la capitale, en 1945, rationnement et règlements de comptes donnent le ton. Les Parisiens ont faim, ils manquent de tout et les tribunaux d'épuration ne désemplissent pas. Edmonde approuve et soutient son frère qui part en croisade pour dénoncer la tonte des femmes accusées de «collaboration horizontale» avec l'occupant nazi. Plus de vingt mille auront la tête rasée en place publique, sous les insultes de la foule présente, qui se déchaîne. Ces vengeances s'éternisent entre l'été 1944 et le mois de février 1946. Beaucoup sont tondues dans le plus simple appareil et on peint des croix gammées au goudron sur leur corps nu. Après de telles humiliations, certaines sont victimes de viols collectifs. Jean-Marie, tout comme Jean-Paul Sartre, s'insurge : comment de tels procédés peuvent-ils succéder à la barbarie du IIIe Reich? «Peut-on de nos jours garder son calme quand on a du cœur[1]?» *Guerre et Paix*, encore et toujours.

C'est dans ce climat de malaise et de division, où prendre le métro et le bus peut s'apparenter à une véritable aventure tant les problèmes de carburant et d'électricité paralysent le quotidien, qu'Edmonde choisit de travailler au plus vite car il lui faut gagner sa vie. Certes, elle n'a pas de loyer à payer mais, pour le reste, elle entend bien être indépendante. Ses parents, horrifiés, ne cachent pas leur désapprobation. Pourquoi ne se marie-t-elle pas? Elle a été infirmière, confrontée très jeune à la promiscuité et à la nudité des invalides, elle a été blessée au combat et a participé aux activités de la Résistance, n'est-il pas temps de se ranger, de regagner enfin les rangs de la haute société ? Que nenni… Face à eux, Edmonde se révolte avec courtoisie, c'est une furieuse bien élevée. Elle est surtout une bretteuse coriace, qui ne lâche jamais le moindre pouce de terrain, et, une fois de plus, ils finissent par capituler devant tant de ténacité.

Grâce à un ami marseillais, Hippolyte Ebrard, qui est actionnaire de sa revue, Edmonde rencontre Hélène Lazareff, qui vient de lancer le premier numéro de l'hebdomadaire *Elle* en 1945. La rédactrice en chef est intriguée par cette jeune personne qui est une héroïne de guerre, parle couramment plusieurs langues et connaît aussi bien Bébé Bérard que le maréchal Lyautey. Elle pourrait toujours lui être utile… Edmonde entre à la rédaction de la rue Réaumur comme grouillot, femme à tout faire. C'est Françoise Giroud qui seconde Hélène et Mlle Charles-Roux commence au bas de l'échelle. Elle constitue des dossiers à la demande des journalistes et assiste à toutes les étapes de la fabrication d'un magazine, en fonction des besoins : maquette, studio photos, relecture des légendes. Elle comprend alors que la mode doit être aussi envisagée sous un angle commercial, il s'agit d'une industrie qui fournit du travail à des milliers de personnes à travers le pays. Cette expérience lui sera infiniment précieuse lorsqu'elle dirigera *Vogue*, moins de dix ans plus tard.

Hélène Lazareff et son mari Pierre, qui dirige *France-Soir* dans le même immeuble, s'attachent peu à peu à cette jeune femme intelligente, discrète, travailleuse et fiable, qui arrive la première et part la dernière, ne ménageant ni sa peine ni les heures de travail. Elle est ravissante mais s'habille avec réserve : maquillage invisible, visage chaussé de lunettes, perles aux oreilles et au cou, vêtements austères mais parfaitement coupés, dans des teintes de beige, de noir ou de gris – «la couleur grise des premières classes était la couleur même du luxe», écrira son amie Louise de Vilmorin[2]. Autant dire l'uniforme d'un bas-bleu cinq étoiles. Edmonde obtient l'approbation et le respect du couple, d'autant plus qu'étant juifs, ils avaient dû fuir en Amérique et ne pouvaient qu'admirer le courage dont elle avait fait preuve pendant la guerre. Ils l'invitent à leurs fameux déjeuners dominicaux à «la Grille Royale», la propriété qu'ils possèdent à Louveciennes. Certes, ils forment ce que l'on appelle aujourd'hui un «Power Couple» mais ils sont surtout des hôtes très divertissants, des conteurs irrésistibles : née en Russie, Hélène, qui a d'abord été ethnologue, a étudié sur place les Dogons du Congo. Pierre, dit «Pierrot les Bretelles», a été le secrétaire de Mistinguett et a connu La Goulue. Leurs publications connaissent un succès retentissant mais ils savent se divertir et se régaler en compagnie du Tout-Paris de la presse et des arts.

Edmonde a enfin son jour de gloire à *Elle* lorsque la Scala de Milan, très endommagée par des bombardements, rouvre ses portes avec un concert dirigé par Arturo Toscanini. La journaliste chargée du reportage ne pouvant s'y rendre, la tsarine Lazareff la charge de la remplacer au pied levé car elle parle couramment l'italien. Ce qu'Hélène ignore, c'est que le chef d'orchestre est un vieil ami des Charles-Roux, qu'il a été reçu chez eux à Rome au palais Taverna et que le soir de la première, Edmonde est invitée dans la loge des Toscanini – elle est également descendue, à Milan, chez la fille de ces derniers. Toscanini avait quitté son pays car il refusait de diriger l'hymne fasciste, en ouverture de chaque spectacle. Exilé en Amérique, il revenait pour la première fois et reçoit un accueil triomphal dès son entrée dans la salle. Les applaudissements redoublent de ferveur lorsqu'il annonce au public qu'ils vont leur jouer *Ô ma patrie, ma patrie perdue* d'André Chénier. La salle, debout, est en larmes et la jeune femme, qui se considère autant italienne que française, est elle aussi au comble de l'émotion. Edmonde – qui a le don d'attirer les personnages légendaires, qu'il s'agisse du cardinal Pacelli, de Lee Miller ou de Toscanini – écrit deux feuillets et Hélène n'en publie qu'un passage, mais peu importe, il s'agit de son premier article et bien d'autres suivront. La voilà officiellement journaliste. Sa réputation s'établit peu à peu dans Paris et, en 1948, après deux ans de collaboration, elle quitte *Elle* pour la rédaction du *Vogue* français, où on lui propose un poste de courriériste.

«Le cas Charles-Roux offre un paradoxe intéressant car elle était une affolée du sexe avec un physique de dame d'œuvre», résume l'écrivain Bernard Minoret, fin diagnostiqueur des mœurs parisiennes[3]. Dresser un catalogue raisonné des amants d'Edmonde serait aussi fastidieux qu'absurde. Disons seulement que la dame aime tous les hommes : jeunes et beaux, moins jeunes et moins beaux, minces (François-Régis Bastide) et gros (André Derain), blancs et autres couleurs, Ancien et Nouveau Testament, de droite et de gauche, lords et lascars, fils des Lumières et fils des Ténèbres, Alpha et Oméga... à condition qu'ils soient intelligents, singuliers et surtout virils. Ronds de cuir et sangs de navet s'abstenir. Elle vit, dans une enveloppe très féminine, comme un mâle. Edmonde, c'est un copain qui couche avec ses copains. Les règles du marché matrimonial lui font horreur. Elle a fait la guerre et se sent libre de mener sa vie amoureuse à sa guise, sans rendre de comptes. « Mon père était consterné et me disait : "C'est effrayant, tu vis comme un homme !" », racontait-elle en 2001[4].

Pas un n'a droit de regard sur elle, pas un ne peut l'instrumentaliser. Ils aiment « la chasse », elle aussi, d'autant qu'elle peut séduire en cinq langues – français, anglais, italien, allemand et tchèque. Elle les aimante, comme certains torrents attirent les libellules. Ce collier de messieurs aurait compté des personnalités aussi peu communes que le cinéaste Orson Welles, le colonel Kadhafi, alors appétissant, l'écrivain surréaliste André-Pieyre de Mandiargues ou le général marocain Mohamed Oufkir. Ne retenons que ceux qui peuvent éclairer la trajectoire de notre héroïne. Si l'on ignore qui furent ses amours de jeune fille et d'infirmière pendant la guerre – on parle, ici et là, d'un maître d'équitation et d'un banquier, sosie d'Hercule Poirot –, l'on peut affirmer qu'elle eut une liaison solide avec le peintre André Derain en 1948, alors qu'elle vient de fêter ses vingt-huit ans et d'entrer à *Vogue*.

Derain, c'est l'homme qui a créé le fauvisme avec Matisse et qui expose des arbres bleus et des ciels roses, c'est le peintre cubiste à qui Breton dédie son *Manifeste du surréalisme*. C'est aussi, malheureusement pour lui car cela détruit sa réputation à jamais, l'un des participants au « voyage d'études » d'artistes français à Berlin, du 30 octobre au 16 novembre 1941, sur l'invitation de Goebbels. Quelques mois plus tard, il assiste au vernissage à l'Orangerie de l'exposition d'Arno Breker, sculpteur officiel du III$^e$ Reich, et cela non plus ne lui sera pas pardonné. Cocteau, également présent ce soir-là, s'en sortira indemne. Tout comme bien d'autres, infiniment plus impliqués que Derain. Quand on pense que Claudel publie une *Ode à Pétain* dans *Le Figaro* du 10 mai 1941… Son prestige n'en sera jamais atteint.

Dans son *Journal pendant l'Occupation*, Jean Galtier-Boissière note, sur le mode humoristique, une scène en date du 18 octobre 1942, qui dit tout du sort réservé à André Derain. Il s'agit d'un dîner chez le galeriste Pierre Colle auquel assistent Derain et Henri Jeanson, scénariste de *Pépé le Moko* (1937) et d'*Hôtel du Nord* (1938). «Jeanson remarque que le peintre, habituellement assez négligé dans ses atours et couvert de taches de peinture, arbore un veston neuf. Il palpe la belle étoffe :

– Dites donc, Derain, maintenant les taches sont à l'intérieur[5] ?»

Peu après l'entrée d'Edmonde à *Vogue*, le magazine publie une photo de sa nouvelle collaboratrice et Derain, séduit, souhaite faire sa connaissance. Il demande à leur ami commun Pierre Colle, lui aussi marseillais, d'intervenir en sa faveur auprès de la jeune femme. Les deux hommes pensent qu'elle va refuser de rencontrer le peintre, à cause de son séjour en Allemagne, mais, à leur grande surprise, elle accepte de le voir. Dès lors, Edmonde se rend chez lui presque tous les dimanches pendant quatre ans. Elle y déjeune régulièrement en compagnie de Balthus et de Giacometti. Derain, qui lui demande de poser dans son atelier, fait plusieurs portraits d'elle. Sa propriété de Chambourcy, La Roseraie, à 25 km de Paris, devient une thébaïde pour Edmonde.

Né en 1880 – il a quarante ans de plus qu'elle –, ce fils d'un pâtissier-glacier de Chatou est un géant de 130 kg qui préfère les animaux aux humains. Lorsqu'elle le rencontre, il est aussi massif que sur les portraits que Picasso et Balthus ont faits de lui, en 1919 et 1936. Face au tanagra Charles-Roux, toujours d'une urbanité sans faille, il a l'accent des faubourgs et l'humour rabelaisien. Derain a tous les appétits, qu'il s'agisse de nourriture ou de femmes. En libertin bon teint, il collectionne les conquêtes. Courir le guilledou est une seconde nature pour ce polygame pratiquant. Edmonde, toujours sous le charme des mauvais garçons, est enchantée par ce côté marlou montmartrois. «Un genre paysannerie française, chopine de vin et haricots blancs, écrit Louise de Vilmorin, parfaitement sincère chez l'ogre Derain[6].» Un paysan qui conduit une Bugatti et collectionne des terres cuites chinoises de la Haute Époque. «Dédé de Chatou» et Mlle Charles-Roux forment un duo improbable : un prolétaire, qui a l'âge d'être son grand-père, et une jeune patricienne provençale. Les photos où ils apparaissent ensemble, côte à côte, sont parlantes : d'un côté, le visage d'un géant de l'île de Pâques, de l'autre, une tête de marquise d'échafaud.

«J'ai posé pendant plus d'un an, quasiment tous les dimanches, quelquefois pour presque rien, pour une main. La lumière, le corps. Il y a des choses que l'on n'apprend que debout, dans un atelier. C'est irremplaçable. On s'est adorés[7].» Derain fait plusieurs portraits d'elle, mais attardons-nous un instant sur *Edmonde Charles-Roux au collier de perles*, peint en 1950, alors qu'elle a trente ans. Sur ce tableau, le cou ceint d'un *choker*[8] et les épaules émergeant d'un nuage de tulle, Edmonde a tout : l'intelligence, l'humour – le regard, rieur, pétille –, l'éclat et, ce qui est infiniment plus rare, l'allure. Physiquement, elle est moins classiquement parfaite que sa sœur Cyprienne mais sa séduction est indéniable, avec son visage aigu, piquant et une intelligence au diapason – «son esprit y répondait en tout», aurait dit Saint-Simon. En bref, un idéal féminin français en ce début des années cinquante, peint par un homme amoureux. Le sentiment est réciproque, ainsi que l'illustre le courrier suivant, non daté :

«D.D. bien aimé,
Imaginez ma joie en recevant votre lettre. Je me croyais définitivement oubliée. D.D. lui-même me disais-je… D.D. le fort, le grand, le valeureux, le beau D.D. chevalier de mes pensées n'est qu'in-

constance et trahison. Je n'en mangeais plus, consi-
dérant inutile tout effort de prolonger ma vie[9]...»

Derain, cette armoire à glace, est aussi une
armoire à grâces car il devient un mentor pour
elle, il l'initie à l'histoire de l'art, parent pauvre de
son éducation intellectuelle face à la littérature et
à la musique. Elle découvre la carrière unique de
cet amant-ami que Malraux considère comme «le
grand génie du XXᵉ siècle[10]». Edmonde part alors
en croisade pour défendre sa réputation souillée
car Derain n'a jamais été «collabo». Il a accepté le
voyage en Allemagne par maladresse, sans réaliser
à quel point il se compromettait, car il espérait
pouvoir faire libérer des artistes et étudiants des
Beaux-Arts prisonniers des nazis − il part avec
deux listes de noms qu'il gardera jusqu'à sa mort.
La sanction infligée est disproportionnée par
rapport à la faute commise et Edmonde entend
bien réparer cette injustice et redonner à son nom
un prestige absent depuis trop longtemps.

En 1948, alors qu'ils viennent de faire connaissance, elle fait partie de l'une des aventures artistiques les plus grisantes du XXᵉ siècle, la création
du Festival d'Aix-en-Provence. Lily Pastré est
à l'origine de tout, elle rêve d'une manifestation

musicale d'envergure internationale dans sa région, un Bayreuth provençal, et fait appel dans ce but à Gabriel Dussurget et à son compagnon, Henri Lambert, deux mélomanes avertis qui ont fondé le Bureau des Concerts de Paris. Une fois les fonds réunis, le trio se lance. «Edmonde Charles-Roux accepte alors d'être notre *public relation*. Elle fait venir Marie-Laure de Noailles, Marie-Blanche de Polignac, le comte de Beaumont, Jean Cocteau, Jean Giono», écrit Dussurget dans ses mémoires[11]. La jeune journaliste met son énergie et son carnet d'adresses au service de l'événement. La voilà officiellement nommée Chargée de Communication et elle reçoit, du matin au soir, les journalistes au Café des Deux Garçons, qui est en quelque sorte son bureau aixois.

C'est alors qu'elle a l'idée de demander à Derain de créer décors et costumes pour une nouvelle production mozartienne, *L'Enlèvement au Sérail*, en 1951. Le peintre accepte et Edmonde va le chercher à Chambourcy à bord de sa deux-chevaux Citroën, puis ils traversent la France, en direction d'Aix – il faut imaginer ce géant prisonnier, des heures durant, de ce véhicule minuscule. Une fois sur place, Edmonde le voit travailler du matin au soir, retouchant sans cesse ses décors, jusqu'à la dernière minute. François Charles-Roux lui avait ouvert les portes de sa bibliothèque de la rue des Saints-Pères pour que Derain pût étudier dans leurs moindres détails les vêtements orientaux du XVIIIᵉ siècle et « Dédé » obtient le concours de Varvara Karinska, la célèbre costumière russe, pour leur donner vie – les coiffures sont créées par Bertrand, le perruquier de la Comédie-Française. Le soir de la première, le travail de Derain est sifflé par certains mais la critique musicale et l'intelligentsia le couvrent d'éloges. Il exulte, ce triomphe inattendu le comble et, à la fin de la représentation, Edmonde le regarde avec émotion saluer le public. Elle a gagné son pari, le peintre sort enfin du purgatoire grâce à elle.

# V

Edmonde doit son entrée à *Vogue*, en 1948, à une
sainte trinité des arts, en tête de toutes les excel-
lences parisiennes. Grâce à de tels hommes, l'idéal
devenait possible et la France embaumait aux
quatre coins du globe. En bref, la vie n'était jamais
pâle. Son ami Christian Bérard l'invite à déjeuner
en compagnie du galeriste Pierre Colle et du poète
Paul Éluard. Ils lui expliquent que Michel de Brunhoff, le rédacteur en chef de *Vogue* Paris, souhaite
avoir quelqu'un à ses côtés pour l'épauler, voyager
et nouer des contacts. Les trois hommes pensent
qu'Edmonde a le profil parfait pour s'acquitter
de cette tâche. Pierre Lazareff, qui les approuve,
va jusqu'à lui promettre de la reprendre dans son
groupe si l'expérience la déçoit. Comment résister
à une telle opportunité ?

Un Bébé Bérard, en particulier, mesure à quel point l'édition française du magazine, à laquelle il est si lié depuis le début des années trente, manque désormais de sève, figée dans un luxe d'avant-guerre. Edmonde est la messagère d'un autre univers, elle comprend les règles de l'élégance traditionnelle, qui est le sceau de la revue, mais elle sait aussi que les priorités des femmes ont changé depuis la guerre. Contrairement à l'équipe en place, qui n'est que freins, elle manie volontiers l'accélérateur. La jeune femme peut ouvrir des portes sur de nouveaux mondes, tant aux lectrices qu'aux membres de la rédaction. Bérard, dont l'intuition était rarement prise en défaut, a eu raison mais il meurt subitement peu après, en 1949, sans pouvoir assister au triomphe de sa protégée. Tout au long de sa vie, Edmonde rendra de nombreux hommages à son vieil ami et mentor de Montredon, peintre de talent, arbitre des élégances et clochard céleste – «sa dégaine de clochard, pantalon en vis, pardessus élimé, corrigée d'ailleurs par l'élégance parfaite avec laquelle il inclinait sa tête aux cheveux trop longs sur un feutre noir acheté à Londres[1]».

Dès son arrivée place du Palais-Bourbon, où siège depuis peu la rédaction, Edmonde bouscule

les codes et déplace les lignes. Michel de Brunhoff, frère du créateur de *Babar*, dirige le magazine depuis le début des années trente, c'est un
homme affable et raffiné qui a un œil infaillible
pour mettre en valeur la haute couture française
mais la modernité de l'époque lui échappe, comme
à l'ensemble de ses collaborateurs. Edmonde, qui
le compare physiquement à «monsieur Pickwick[2]»,
le personnage du roman de Dickens, parvient à le
convaincre de mettre en valeur l'étonnante vitalité
culturelle de la capitale et il crée pour elle une toute
nouvelle rubrique de huit pages, «La Vie à Paris».
Sa jeune journaliste doit tout voir – pièces, ballets,
opéras, concerts, expositions – avant d'en rendre
compte à ses lectrices. Brunhoff lui recommande
d'ouvrir les yeux et de repérer les écrivains qui
montent et qui seraient susceptibles de collaborer
à la revue.

L'on pourrait consacrer un volume à cette chronique, qu'elle tient jusqu'en 1954, mais un seul
exemple dit tout de son regard : à l'automne 1950,
elle retient une série de photos, qui est présentée
dans une librairie-galerie de la rue Bonaparte,
dont le thème est... le tatouage – un livre, qui les
regroupe, est publié en même temps. Edmonde
rencontre son auteur, Robert Giraud, par le biais

de leur ami commun, le photographe Doisneau. «Un type épatant, ce Bob Giraud! Il me donne rendez-vous dans un café de la Mouffe, qui était en quelque sorte sa seule adresse, et il m'explique toutes les finesses de son sujet, c'était captivant, j'étais suspendue à ses lèvres. Quelle gouaille, on ne pouvait faire plus poétique, dans le genre Titi. Et ce physique irrésistible, un Gérard Philippe voyou! À l'époque, il n'avait pas encore publié *Le Vin des rues,* qui est un chef-d'œuvre, l'équivalent littéraire du travail de son copain Doisneau. C'est Prévert qui avait trouvé ce titre merveilleux, à lire absolument! Je me souviens être repartie avec une longue liste des meilleurs endroits où chiner dans Paris et ses environs[3].» Il faut imaginer l'élégante fille de l'ambassadeur Charles-Roux et le facétieux Giraud, sans domicile fixe, qui vit entouré de chiffonniers – Momo l'Artiche, Bébert le Métallo ou Gégène Tête de Paf – et de prostituées au grand cœur, La Puce ou La Marquise. Curieuse de tout, Edmonde ne recherche que l'intelligence et le talent, et Giraud n'en manque pas. C'est ainsi que les lectrices de ce bastion du luxe qu'est *Vogue* découvrent au mois d'octobre 1950, page 89, l'anar Bob photographié par Doisneau. Des années plus tard, en 1966, l'on retrouvera comme un écho de cette rencontre dans son roman *Oublier Palerme*. «Il n'était pas de ces tristes sires qui pratiquent le tatouage électrique. C'était un tatoueur sérieux qui traçait le motif sans l'aide d'aucun calque, directement sur la peau, là au rasoir... un artiste, quoi[4]...»

Edmonde est devenue très visible, elle est partout. Les couturiers l'habillent pour sortir le soir, ravis de la voir porter leurs couleurs, à commencer par le plus célèbre d s'entre eux en ces années d'après-guerre, Christian Dior. Il lui prête des tenues, l'aide à les choisir mais elle les rend dès le lendemain, Edmonde en fait un point d'honneur. Sur les photos, elle ressemble à la filleule d'une marraine-fée ou à un dessin de Gruau en mouvement, tant les robes de Dior vont comme un gant à sa taille de guêpe. Mais le New Look a aussi ses détracteurs, de Coco Chanel à Colette. «Qu'on ne me demande pas de donner au corset moderne, une place, lui fût-elle ménagée par l'humour!» écrit la romancière, pour qui le «nioulouk» s'apparente à une torture. «De même que la jument aubère – qui vécut, vieillit et mourut à notre service – ne pouvait supporter même l'ombre du fouet sur un mur, je perds ma modération bien connue quand le corset, la gaine, la guêpière, leurs perfections et leur galbe d'élégantes masses ont l'air de menacer mon repos personnel[5].»

En plus de ses escapades culturelles, Edmonde mène une vie mondaine intense. On la voit dans les plus grands dîners et dans les fêtes, coiffée de diadème ou d'aigrette. En mars 1949, au «bal des Rois et des Reines» donné par Étienne de Beaumont, qui a inspiré le personnage du comte d'Orgel à Radiguet, elle est la Reine des Douceurs – en robe *Libellule,* collection Dior Haute Couture automne-hiver 1947, ligne *Corolle.* En septembre 1950, elle danse la conga chez ce même Beaumont, photographiée par Doisneau – elle porte alors le modèle *Francis Poulenc,* lui aussi griffé Dior (collection Haute Couture, printemps-été 1950, ligne *Verticale*). La jeune femme est immédiatement adoptée par la Café Society qui mêle aristocrates européens excentriques, parvenus des deux Amériques, artistes en quête de mécènes, chercheurs d'or et croqueuses de diamants, héritières et douairières, décorateurs et antiquaires des deux sexes, diplomates, journalistes, grands couturiers, mais aussi hommes à femmes, hommes à hommes et dames à dames. Un monde frivole et pittoresque, très romanesque – si Étienne de Beaumont a inspiré Radiguet, deux femmes qu'Edmonde connaît bien se retrouveront épinglées dans des œuvres de fiction : Mona Bismarck est Kate MacCloud dans *Prières Exaucées* de Truman Capote et Diana Cooper, lady Leone dans *Pas un mot à l'ambassadeur* de Nancy Mitford. «Ils ont de l'esprit, du tact, une perfidie ravissante, une désinvolture de bonne classe, une insolence très précise, très acérée, toujours en éveil[6]», résumait Chanel à propos «des gens du monde».

Quelle que soit l'heure à laquelle Edmonde regagne la rue des Saints-Pères, elle est au bureau dès 8h30. «Si seulement tu me téléphonais de temps en temps à *Vogue* où je vis nuit et jour[7]», écrit-elle alors à Louise de Vilmorin. Mais elle n'en néglige pas pour autant son intimité. Une fois leur liaison terminée, Derain et Edmonde deviennent des amis indéfectiblement solidaires, et reprennent une vie amoureuse intense, chacun de leur côté – André a même un enfant avec une autre jeune femme qui a l'âge d'être sa petite-fille, Nicole Algan. Quant à Edmonde, elle a des liaisons successives avec le peintre espagnol Antoni Clavé et l'écrivain André-Pieyre de Mandiargues. «J'ai dîné avec Clavé et Edmonde plusieurs fois et il y avait une intensité palpable entre eux, à la fois intellectuelle et charnelle. Elle l'admirait beaucoup, car il avait fait preuve d'un grand courage en combattant au sein de l'armée républicaine pendant la guerre civile, en 1936, et elle aimait les héros. Lui était ébloui par cette fille de la haute qui avait oublié d'être bête», se souvient Bernard Minoret[8].

Grâce à Edmonde, *Vogue* lui commande des fonds peints pour des séances de photos et le festival d'Aix l'engage pour une production des *Noces de Figaro*, en 1952. Décor et costumes, trop avant-garde pour la plupart des spectateurs de l'époque, sont sifflés. Edmonde est à ses côtés lorsqu'il est hué par ces crétins à courte vue. «Vous savez, Gabriel, là vous avez fait un crachat sur Mozart[9]», s'entend dire Dussurget à propos du travail de Clavé. Derain avait lui aussi été sifflé par les «conservateurs».

Le cas Mandiargues est plus complexe. Edmonde est toujours prête pour l'amour et ses éventualités mais elle ne s'attend certainement pas à ce qui va suivre. L'écrivain surréaliste est un homme élégant, vénéneux, célèbre pour son esprit féroce, grand amateur de femmes et de pornographie... Qui s'y frotte s'y pique, autant succomber à un vampire. Leur liaison reste liée à *L'Anglais décrit dans le château fermé*[10], un roman sadien rédigé entre 1951 et 1952, et publié en 1953 sous le pseudonyme de Pierre Morion, mais le Tout-Paris des lettres connaît l'identité de son auteur. Son héroïne se prénomme Edmonde et l'on peut se demander pourquoi. Lui avait-elle tenu tête ? Avait-elle rompu la première ? Toujours est-il que ce texte pourrait être la vengeance d'un homme dépité. Il précise que « Mlle Edmonde, que voilà, déclare trente ans ; c'est ce que l'on est convenu d'appeler une *jeune fille du monde*, et, dans ce monde-là, son renom était de posséder le *plus beau cul de Paris* et de savoir s'en servir[11] ». Ledit postérieur – « Pas une ride, pas un pli, pas un grain n'en venait gâter la rondeur admirable, et pour le lisse et pour la fermeté c'était beaucoup mieux que du marbre très pur[12] » – est l'étoile de ce roman sinistre et glauque.

Le livre offre un beau sujet de persiflage et la poétesse Lise Deharme, elle aussi très liée au mouvement surréaliste, en donne lecture dans son salon, où trône le pistolet avec lequel Verlaine aurait blessé Rimbaud. « Je me souviens d'un dîner au cours duquel Lise, qui adorait le grabuge, se penche vers Edmonde et lui demande : "Et vous, ma chère, que pensez-vous des livres de Mandiargues ?" », raconte Bernard Minoret[13]. « Loin de se laisser perturber par la question, la Charles-Roux

a souri et a dit le plus grand bien de l'homme et
de l'œuvre. Lise, mais aussi Leonor Fini et Marie-
Laure de Noailles, également présentes ce soir-là,
et toutes deux aussi teigneuses que leur hôtesse,
ont été très déçues par ce mélange de fair-play et
de sang-froid. Elles s'attendaient à une corrida et
en ont été pour leurs frais. L'arroseuse fut bien
arrosée.» Et c'est ainsi que le postérieur de l'héroïne devint le héros d'un classique de la littérature pornographique, comparé par les amateurs
aux œuvres de Sade et aux *Onze mille verges*
d'Apollinaire. Le roman s'achève par l'hommage
suivant : «J'avouerai que je ferme souvent les yeux
en évoquant le cul d'Edmonde. Il ne tarde pas à
venir flotter, comme une double montgolfière
blanche et rose dans le ciel obscur créé par mes
paupières[14]...»

Invitée par le groupe de presse Condé Nast,
propriétaire de *Vogue*, Edmonde séjourne régulièrement à Manhattan. Sa rubrique «La Vie à
Paris» la mobilise tant qu'elle ne peut pas y rester
plus de quinze jours à la fois mais elle fait son
miel de chacune de ces escapades outre-Atlan-
tique, comparant attentivement la vie culturelle
des deux villes. En ce début des années cinquante,

l'effervescence artistique new-yorkaise, qui n'a rien à envier à la capitale française, a les couleurs et la vitalité de la toile *Broadway Boogie Woogie* de Mondrian. Edmonde y découvre les pièces de Tennessee Williams et d'Arthur Miller, les ballets de Martha Graham et de Merce Cunningham et le travail des nouveaux peintres – le « dripping » de Jackson Pollock, les rectangles colorés de Rothko ou les collages de journaux de Jasper Johns. Elle en profite également pour retrouver des émigrés européens excentriques comme le joaillier sicilien Fulco di Verdura – il deviendra son grand ami sur l'île de Panarea et elle adaptera en français ses souvenirs d'enfance – ou des Russes blancs telles que la princesse-muse Natalie Paley, qui vécut dans les années trente une passion tourmentée avec Cocteau, ou la couturière Valentina Schlee.

Cette dernière se définit comme « une version gothique de Garbo » ; il se trouve qu'elle partage son mari avec la Divine et lui ressemble étrangement, mais comme revue et corrigée par le dessinateur de *La Famille Addams*. Elle est mythomane, au point de faire passer un portrait de l'actrice italienne Eleonora Duse pour sa mère, et la presse collectionne ses aphorismes : « Le vison, c'est tout juste bon pour jouer au football » ou « Laissons les enfants aux banlieues ». Ses outrances amusent beaucoup Edmonde. « Elle créait des vêtements d'une beauté inouïe, très proches de l'esprit Vionnet. Mais sa flamboyance était aux antipodes de ce que l'on voyait à Paris. Je me souviens qu'elle organisait dans ses salons des défilés qu'elle était seule à présenter ! Cette femme, née au XIXᵉ siècle, avait à l'époque au moins soixante-cinq-soixante-dix ans, et elle jouait les mannequins, défilant dans chaque modèle, en vous les commentant d'une manière tordante car elle avait un esprit très insolent. Elle était superbe, un corps de ballerine, une peau aussi blanche que du lait, alors qu'elle avait l'âge d'être grand-mère. C'était tellement russe, du pur théâtre russe ! Vous imaginez Chanel, qui était de la même génération, faisant cela à Paris ? Elle passait vingt ou trente modèles en moins d'une heure, cela exigeait une dextérité et une rapidité incroyables. Et nous, nous étions au spectacle, en train de boire du champagne et d'assister à un numéro mémorable et digne des plus grandes interprètes. Cela n'avait rien de ridicule car elle faisait preuve de beaucoup d'autodérision. C'était aussi cela le New York du début des années cinquante[15]. »

Cette existence frénétique, qui exige autant d'énergie que d'organisation, ne l'empêche pas d'être présente auprès de ses intimes. Elle veille ainsi attentivement sur son vieil ami Derain. Edmonde est la marraine de son fils Bobby, baptisé tardivement, et use de son influence pour le faire entrer aux Roches, école prestigieuse fondée par un Marseillais. Mais elle n'hésite pas à prendre la plume si elle estime que le jeune homme se comporte mal avec André. N'étant plus représenté par aucune galerie, le peintre n'a plus de marchand pour vendre ses tableaux et elle place en personne, dès qu'il le lui demande, l'une de ses toiles. Edmonde est également à ses côtés lorsqu'il dessine décors et costumes d'une production du *Barbier de Séville* en 1953 à Aix-en-Provence. Enfin, elle le supplie d'écrire ses mémoires et commence à l'enregistrer mais sa mort brutale met fin au projet. Le 14 juillet 1954, Derain est renversé par une voiture, à soixante-quatorze ans, et Edmonde, horrifiée en le découvrant allongé dans la salle commune de l'hôpital de Saint-Germain-en-Laye, le fait transférer dans une clinique privée où il bénéficie des meilleurs soins. Elle lui rend visite le plus souvent possible et passe des heures à le veiller jusqu'à son décès, le 8 septembre. «En somme, il n'y a que moi qui du premier jour où je vous ai vu, vous ai aimé une bonne fois pour toutes de la même manière[16]», lui écrivait-elle moins d'un an avant sa disparition, en novembre 1953.

# VI

Place du Palais-Bourbon, Edmonde ne se contente pas de rédiger la chronique la plus lue de *Vogue*. Son influence grandit sans cesse et elle livre une bataille civilisée mais efficace pour faire évoluer la maquette du mensuel. Le duel psychologique qui l'oppose à son rédacteur en chef est d'autant plus difficile qu'elle apprécie infiniment cet homme intelligent et cultivé. «Michel de Brunhoff en a beaucoup souffert. Je pensais que nous n'avions pas suffisamment l'usage des grands ténors de la photographie de mode américains, bien que nous conservions, à n'en pas douter, la meilleure équipe au monde de dessinateurs; Michel de Brunhoff croyait éperdument au mélange des deux genres et moi de moins en moins[1].» Autant dire une version soie et cachemire de la querelle des Anciens et des Modernes.

Pour Brunhoff, le magazine reste indissociablement lié aux illustrations de Vertès, d'Éric, de Lila de Nobili, de Gruau, de Tom Keogh et surtout de Bérard, dont la «main de fée», comme le disait Cocteau, imaginait des silhouettes et des visages poudreux, *pollenisés*, d'une grâce poignante, qui firent de *Vogue* la revue la plus élégante du monde. Mais Edmonde analyse mieux que lui les enjeux de l'époque et, en observatrice avisée, elle a compris qu'ils entraient dans la civilisation de l'image et que le processus était irréversible. Pour Baudelaire, la photographie était «la servante de la peinture» et Auguste Renoir n'était pas en reste lorsqu'il disait : «Nadar, ce faux peintre, ce faux poète, ce faux-tographe!» Brunhoff pense de même mais la modernité l'emporte sur le passéisme. Le vieil aristocrate finit par s'incliner et par prendre sa retraite et Edmonde est alors nommée rédactrice en chef.

Dès le premier numéro à porter la griffe Charles-Roux, en septembre 1954, ses priorités sont clairement affichées : trente pages de culture pour soixante-dix pages consacrées à la mode. *Vogue* n'est plus seulement un magazine chic et mondain, et une certaine intelligentsia sera désormais certaine d'y trouver des trèfles à quatre feuilles, mois après mois. Dans un même numéro

(avril 1955), l'on peut aussi bien lire «Le Monde chrétien», signé André Malraux, qu'un article sur les tziganes commandé à son ami Joseph Kessel – l'auteur de *Belle de jour*, qui inspire à Luis Buñuel l'un de ses meilleurs films. Edmonde, très attachée au devoir de mémoire, s'empresse, dès qu'elle a le gouvernail entre les mains, de commencer par rendre hommage à son ami Derain, disparu au moment même où on lui confie la direction de la revue. «Son exil parmi ses contemporains était volontaire, il était devenu solitaire par choix. Un des esprits les plus vigoureux de l'époque, une des plus grandes figures modernes du génie français aura donc délibérément vécu à l'écart de ceux qui décident, choisissent, classent, font les marchés, décernent les récompenses et jaugent la gloire», écrit-elle en ouverture de l'article qu'elle lui consacre en décembre 1954.

Son ami Paul Guth – qui vient de connaître le succès, en 1953, avec son roman *Mémoires d'un naïf* – dirige les pages littéraires sous la supervision attentive d'Edmonde jusqu'à l'été 1961. La qualité de leurs choix est exemplaire : inédit de Balzac (*Le Faiseur*, mai 1957), critique de *Les Muses parlent* de Truman Capote (avril 1959), double actualité Aragon-Elsa Triolet (mai 1959), présentation du poète Olivier Larronde accompagnée d'un portrait au crayon de ce dernier par Giacometti (septembre 1959), hommage à Nathalie Sarraute (novembre 1959), nouvelles d'Alberto Moravia et de Jacques Chardonne (*Quitter Mathilde* pour le premier en mars 1961 et *La Femme de Roland* pour le second le mois suivant), récit de voyage de François-Régis Bastide (*Portugal indéfini*, mai 1961), texte commandé au jeune Jean-René Huguenin, qui vient de publier *La Côte sauvage*, son premier roman (*La Plage était déserte*, juin-juillet 1961)... Quelques exemples révélateurs d'une sensibilité et d'une exigence qui offrent le meilleur d'une époque. «J'ai connu toutes les grandes rédactrices en chef de Paris, Londres et New York, d'Hélène Lazareff à Diana Vreeland et, contrairement à ces femmes, si intelligentes et compétentes fussent-elles, Edmonde Charles-Roux était une intellectuelle et cela explique la ligne éditoriale du *Vogue* français», analyse Enid Boulting, le célèbre mannequin[2]. «J'étais très liée avec le photographe Henry Clarke et c'est grâce à lui que j'ai fait sa connaissance. Edmonde ne parlait jamais de mode, à l'inverse de ses consœurs. Elle vivait entourée d'écrivains et d'artistes, la littérature et l'art étaient ses passions. Sachant que j'étais mariée au réalisateur anglais Roy Boulting, elle m'interrogeait sur le monde du cinéma et du théâtre en Grande-Bretagne, sur les nouvelles pièces et les dernières expositions. Elle considérait l'actualité vestimentaire comme un sujet aussi important que les autres, ni plus ni moins, et cela est au cœur de l'originalité de son magazine.»

Il est vrai que si *Vogue* brille par une vivacité culturelle de premier ordre, la haute couture et le prêt à porter naissant, loin d'être négligés, y sont traités royalement. Edmonde, qui passe pour être l'une des femmes les plus élégantes de la capitale, à sa manière austère et dépouillée, suit le travail des couturiers avec le plus grand intérêt. À ses yeux, la mode est l'indicateur d'un niveau de civilisation et elle travaille en étroite collaboration avec les photographes chargés de faire découvrir aux lectrices les nouvelles collections. Edmonde sait créer un équilibre entre le parfait classicisme d'un Henry Clarke, qui photographie ses mannequins préférés comme des icônes de la Café Society, offrant aux femmes du monde qui lisent *Vogue* une vision idéalisée d'elles-mêmes, et les audaces d'un William Klein et d'un Guy Bourdin. Le premier fait poser la belle Ivy Nicholson dans l'une de ses compositions insolites, clin d'œil aux collages surréalistes et photo Pop Art, à la fois apologie et critique de la société de consommation. Son visage, couvert de bijoux, s'y détache au côté d'une main en bois, sur les phares d'une voiture de sport dernier cri (octobre 1959). Quant au second, il fait poser la même Ivy vêtue de somptueuses robes du soir, en grande banlieue, perdue dans un univers de béton et de métal, simultanément repoussoir et écrin (avril 1960).

Bourdin est le protégé d'Edmonde, elle ne cache pas combien ce garçon étrange et maussade la touche. Il se présente place du Palais-Bourbon un jour de décembre 1954 en demandant à pouvoir montrer quelques photos à la rédactrice en chef. Quelle n'est pas la surprise de cette dernière en découvrant une série de fesses de femmes, d'hommes et d'adolescents... Intriguée et amusée, elle lui propose immédiatement un reportage. Sa première photo dans *Vogue* ne passe pas inaperçue : il s'agit d'un mannequin coiffé d'une capeline à voilette et ganté de blanc qui pose dans une boucherie, sous des têtes de veau à la langue pendante. Un choc en 1955 pour les lectrices du magazine. Dès lors, elle lui passe tous ses caprices, qu'il dépose des mouches vivantes sur le visage d'un mannequin (avril 1959) ou exige un chameau pour une séance de pose. «Edmonde s'arrange avec le directeur du Jardin des Plantes qui nous prête l'animal demandé. Juste avant d'arriver, le chameau et son soigneur sont arrêtés par des policiers devant l'Assemblée nationale, en face de nos bureaux», se souviennent Susan Train et Marie-José Lepicard, en charge de la séance[3]. «Ils ont cru qu'il s'agissait d'une manifestation pour l'indépendance de l'Algérie! Et la crise de Suez débutait peu après... Bref, on convoque Edmonde au poste de Police voisin et elle s'y rend sur le champ. "Mademoiselle Charles-Roux? Un lien avec l'ambassadeur?", lui demande le commissaire. "Je suis sa fille." Il se détend immédiatement et poursuit : "On me dit que vous attendez un chameau?" "Mais naturellement!", réplique-t-elle de sa voix mondaine. "Vous pouvez les libérer, c'est inoffensif, c'est *Vogue!*"» Une fois dans la cour de la rédaction, le chameau, assoiffé, commence à boire l'eau du bassin et il leur faut de toute urgence retirer les poissons rouges et les abriter, momentanément, dans des bacs de développement du studio. Puis Bourdin peut enfin photographier Anne Gunning, le célèbre mannequin britannique et le chameau, qui ne cessera pas de baver sur elle et d'essayer de la mordre. Mais il parvient à les immortaliser tous deux de profil, tels des bas-reliefs égyptiens. Le résultat, parfait, est publié en pleine page dans le numéro de septembre 1956.

*Vogue*, c'est aussi un petit monde romanesque, une ruche toujours effervescente. Edmonde recrute ses assistantes parmi les enfants de diplomates et cette mafia de filles d'ambassadeurs compte Claude Joxe, Stella Jebb – mère de la future Tatiana de Rosnay – ou Nina Georges-Picot, dont le père est délégué permanent de la France au Conseil de sécurité des Nations unies. Mais le népotisme d'Edmonde ne manque pas d'humour et il faut faire ses preuves pour rejoindre les rangs de sa *Dream Team*. «Elle encourageait l'originalité et la fantaisie, même dans la rédaction des légendes», se souvient Claude Joxe[4]. «Lorsque je suis arrivée dans son bureau, Edmonde m'a dit : "Voici une pile de photos, trouvez-moi une phrase amusante." Cette saison-là, il y avait des pois, petits ou grands sur toutes les robes et j'ai écrit : "Cette année, le printemps arrive pois à pois." "C'est parfait, je vous engage!", a-t-elle déclaré en riant.» Simone Eyrard est aussi l'un des personnages de la place du Palais-Bourbon. Arrivée dans les années trente en tant que simple retoucheuse, elle est indispensable à tous les échelons et adorée pour son naturel et sa gouaille. Cette femme minuscule est un pur titi parisien, une Pygmée qui s'exprime comme Arletty. Elle est la seule à appeler Edmonde par son prénom et à la tutoyer alors que le vouvoiement est de rigueur pour s'adresser à Mlle Charles-Roux. «Dis donc, Edmonde, vise un peu les godasses[5]!», lance-t-elle en découvrant que Victoria Newhouse, l'épouse du P.-D.G. du groupe Condé Nast, habillée à la dernière mode, est chaussée d'escarpins en plastique transparent.

Edmonde apprécie également beaucoup André Ostier, dit «le passe-muraille», photographe chargé de la rubrique mondaine. «Aux lendemains des bals privés auxquels il assistait, Ostier venait proposer à *Vogue* sa récolte nocturne. Il frappait à ma porte et je l'entendais qui s'annonçait : "C'est votre faiseur d'images, qui demande à vous voir"», écrivait-elle en 2006. «Si le "faiseur d'images" avait si parfaitement réussi à gagner la confiance des grands, c'est parce qu'il était le seul à avoir aussi bien su se faire oublier, lui et son Rolleiflex. Je le taquinais, je l'appelais "l'homme invisible", "le passe-muraille" et l'encourageais à écrire ses mémoires. À cette idée il simulait l'épouvante, il faisait l'effarouché : "Méchante! Vous voulez me faire chasser de partout[6]!"»

En plus de Henry Clarke, de William Klein, de Guy Bourdin ou d'André Ostier, Edmonde fait appel à d'autres photographes, au gré de son inspiration et de l'actualité. Citons Agnès Varda (Jean Vilar, mai 1957), Tony Armstrong-Jones (mai 1960), Cartier-Bresson (Collège d'Eton, février 1963), Bert Stern (Audrey Hepburn, mai 1963), Helmut Newton (Françoise Hardy, août 1963 ; et Françoise Sagan, octobre 1963), sans oublier son ami Robert Doisneau, à diverses reprises, et certains des plus grands photographes de mode américains, à commencer par Irving Penn. C'est à lui qu'Edmonde commande une série de portraits du mannequin Victoire dans les nouvelles robes du tout jeune Yves Saint Laurent, ami et protégé de Mlle Charles-Roux (septembre 1959). Ses tarifs sont beaucoup plus modestes qu'aux États-Unis mais tous acceptent de travailler pour la rédactrice en chef du *Vogue* français car elle propose une vitrine d'une très rare qualité pour leur travail.

Tout en supervisant patiemment chaque page du magazine, et en écrivant de longs articles de temps à autre («Lettre de Vienne» en avril 1956 ou «La Sardaigne aux portes du Temps» en février 1962),

Edmonde trouve encore l'énergie de faire partie de l'écurie de nègres de Maurice Druon. Ce dernier, qui a remporté le prix Goncourt en 1948 pour son roman *Les Grandes Familles*, a également coécrit les paroles du *Chant des Partisans* – devenu l'hymne de la Résistance – avec son oncle Joseph Kessel, en 1943. Ce juif russe, qui a rejoint la France libre en 1942, est aussi intelligent que séduisant, l'un de ces machos dont raffole Edmonde. Ils ont une «liaison ouverte» pendant plusieurs années car la monogamie les ennuie autant l'un que l'autre. Lorsqu'ils travaillent ensemble, Druon est en train de concevoir la saga des *Rois Maudits*, sept tomes publiés entre 1955 et la fin des années soixante-dix, qui feront de lui l'auteur français le plus vendu de sa génération. Ne pouvant écrire seul cette histoire de la monarchie française des XIIIe et XIVe siècles, il constitue une équipe de plumes dirigée par Edmonde, parmi lesquelles le jeune Matthieu Galey. Les Français se prennent de passion pour Mahaut d'Artois et Philippe le Bel, et l'adaptation télévisée fait bondir les ventes de livres. Certains apportent des idées, constituent des fiches et des dossiers, d'autres «scénarisent», écrivent des pages ou des chapitres entiers. Pour ceux qu'un tel procédé choquerait, rappelons qu'Alexandre

Dumas faisait de même pour produire à la chaîne ses ouvrages à succès, que l'on n'appelait pas encore best-sellers. «*Les Rois Maudits*... mon meilleur livre!», déclarait Edmonde en riant lorsque l'on mentionnait cette fresque devant elle.

«Il est superbe, solaire, elle est sombre, frémissante, séductrice : un couple de roman[7]», résume Matthieu Galey dans son journal à propos de Druon et d'Edmonde, inoubliables dès qu'ils apparaissent ensemble quelque part. «"Claude, téléphone à ma mère, dis-lui que nous allons travailler tard et qu'elle dîne sans moi", me disait Edmonde. Maurice Druon l'attendait en bas, au volant de sa voiture, et elle s'envolait le rejoindre, élégante et joyeuse», se souvient Claude Joxe[8]. L'une des grandes amoureuses de Paris vit toujours sous le toit parental et rentre prendre ses repas en famille lorsqu'elle ne sort pas. Sa ligne de cœur ne passe toujours pas par le mariage ou un lieu partagé. Dans la France grisâtre et corsetée de l'après-guerre, peu de femmes vivent avec tant de liberté, bien avant les conquêtes du féminisme. Edmonde a toujours sous la main un amant du moment, un Monsieur de Maintenant, prêt à associer les plaisirs de la chair et les jeux de l'esprit, et elle n'en demande pas plus.

Mlle Charles-Roux mène alors une vie très irri-
guée, stimulante, flatteuse. Recherchée de tous,
elle est partout à la fois. Socialement amphibie,
Edmonde passe avec la même aisance du duc
à l'ouvrier, du Bal des petits lits blancs à la fête
de l'Huma. Un jour, elle dîne chez Louise de
Vilmorin, à Verrières, en compagnie de Renée de
Chambrun, la fille de Pierre Laval, qui célèbre à
l'envi le culte de son défunt père, le lendemain, elle
retrouve Elsa Triolet et Louis Aragon, ses grands
amis communistes, dans un restaurant de la rue de
Lille, L'Œnothèque, qui est leur quartier général
– elle considère Louis comme son mentor littéraire et le plus grand romancier de sa génération.
Ses apparitions sont commentées dans la presse.
À l'époque, *Le Figaro* propose encore une chronique mondaine à ses lecteurs et, le 10 mai 1958,
l'on apprend la présence à l'ambassade de Grande-
Bretagne d'«Edmonde Charles-Roux, en robe
noire de Griffe et étole de mousseline rose, Nancy
Mitford, en gris pâle à pois gris ardoise, lady Diana
Duff Cooper, en grande robe de style Gainsbo-
rough, la baronne Élie de Rothschild en dentelle
marine». Au lecteur soudain paniqué par ce qui lui
semble être des détails bien inutiles, nous disons
que ce document, loin d'être seulement réservé aux

chercheurs de temps perdu et aux embaumeurs, est riche d'enseignements : il nous révèle avant tout qu'un soir de printemps à Paris, quatre des femmes les plus spirituelles, les plus cultivées et les plus originales en cette année 1958, se trouvent ensemble dans la même pièce. Il ne reste malheureusement aucune trace des propos qu'elles échangèrent ce jour-là.

Il va sans dire qu'une telle existence attire critiques et ennemis comme un aimant la limaille. «Vers 1957, les jeunes dames de *L'Express*, réputées former un commando à la dévotion de Françoise Giroud... avaient baptisé Edmonde Charles-Roux "Mousseline". Elles voulaient dire "couture", "flou"... "Mousseline" jouissait d'un statut mixte : elle était à la fois de la presse et du monde[9]», écrit François Nourissier. L'attaque est facile car Edmonde dirige *Vogue* et son aisance, intellectuelle et sociale, en agace plus d'un(e). Et surtout, elle n'a pas à prendre une revanche sur le destin comme Françoise Giroud. Celle-ci a gravi les échelons un à un, rien ne lui a été épargné, alors, comment ne pas être agacée par une fille d'ambassadeur devenue héroïne de guerre, aujourd'hui à la tête d'une célèbre revue ? L'écrivain Philippe Jullian, connu pour son esprit caustique, invente alors un personnage de rédactrice en chef élitiste et bas-bleu qui s'appelle Charlotte Edmond-Grix. Elle dirige le magazine *Style*, et il l'égratigne dans plusieurs livres. Mais Jullian ne peut s'empêcher d'être bluffé par cette femme à «l'œil infaillible, la voix coupante[10]», qui ne brade jamais ses louanges : «Elle admira avec cette pertinente réserve qui donnait tant de poids à ses moindres compliments[11].» Même un ami comme Mathieu Galey ne résiste pas à la tentation de la brocarder : «Elle prononce "Vaugue", mêlant snobisme et dérision. [...] Un peu institutrice d'aspect – lunettes, cheveux tirés, chignon, mais avec un uniforme signé Chanel ou Cardin –, elle règne sur ce couvent du chic en mère abbesse[12].» Le pire advient lorsque le danseur mondain Jacques Chazot publie en 1956 *Les Carnets de Marie-Chantal*, d'abord parus en chroniques dans *Elle*. Marie-Chantal de Bois-Maudit, archétype de la Parisienne snob et sans cœur, a tant de succès auprès du public qu'il lui consacre aussi une pièce de théâtre – un film de Claude Chabrol suivra. Chazot clame partout qu'il s'agit d'une caricature de Louise de Vilmorin et d'Edmonde... Le journal *Minute* va jusqu'à publier le propos. Si Louise lui pardonne, tel n'est pas le cas de Mlle Charles-Roux. Chazot décrit la scène suivante dans ses mémoires :

« Si cet article vous rapporte quelque chose, tant mieux. Cette histoire ne m'intéresse pas. Pour moi, la seule chose qui compte c'est le cœur.

Exaspéré, je ne la ménage pas :

– Ma chère, chacun sait que c'est votre organe le moins sensible[13]. »

Quant à Louise de Vilmorin, qui passe pour être une amie fidèle d'Edmonde, elle ne peut s'empêcher de l'épingler dès qu'elle a le dos tourné. Loulou n'appelle-t-elle pas les sœurs Charles-Roux « ces admirables perroquets[14] » ? Edmonde et Cyprienne, qui dînent à Verrières dès que la seconde est en France, sont plus jeunes, très séduisantes, très spirituelles, et les hommes ne les quittent pas des yeux. Ladite Louise, toujours très compétitive, ne peut être qu'agacée… En voulait-elle aussi à Edmonde, dont on disait qu'elle avait une liaison avec Orson Welles alors qu'il était l'amant de Louise à la même époque ? Edmonde, qui affirmait que le cinéaste était l'être qui l'avait le plus marquée, restait discrète lorsque son nom était cité dans la conversation. L'on peut seulement affirmer qu'après l'avoir interviewé pour *Vogue*, elle le suit en tournée et s'installe même à Londres pendant une semaine lorsque Welles succède à Laurence Olivier dans une pièce de Shakespeare. La férocité de Louise est d'autant plus injuste que «l'admirable perroquet» lui apporte un soutien indéfectible dans les pages de son magazine. Ainsi, en août 1958, *Vogue* lui consacre une double page à l'occasion de la sortie de son roman *La Lettre dans un taxi*. Accompagné d'un splendide portrait de Louise commandé pour l'occasion à l'illustrateur Bouché, l'article commence ainsi : «Louise de Vilmorin est un des rares romanciers d'aujourd'hui dont je guette le livre. Aussitôt je le bois comme un verre d'eau. Dans l'actuelle république des lettres, elle est une aristocrate.» Peu d'auteurs ont droit à un tel régime de faveur. Mais l'Olympe parisien n'a pas de secrets pour une Edmonde Charles-Roux. Elle sait que le charme, l'élégance, la culture et le goût de l'exception y sont liés à d'autres ingrédients, comme les deux faces d'une médaille : narcissisme, orgueil, sens défaillant d'autrui, toujours sacrifié à un mot d'esprit.

# VII

En 1959, Edmonde entre en littérature avec une biographie écrite comme un roman d'aventures, *Don Juan d'Autriche Conquérant Solitaire.* « L'idée de ce portrait est venue après la lecture de *La Vie du Général Nogi* de Kikou Yamata. C'était une Japonaise élégante, cultivée, à la fois romancière, essayiste et traductrice. Une amie de Paul Valéry, qui avait préfacé son premier ouvrage. Kikou, qui veut dire "Chrysanthème", était toujours vêtue d'un kimono, ce qui était unique à l'époque dans les salons parisiens, et j'aimais beaucoup discuter avec elle car sa conversation était originale. Je cherchais un sujet pour mon premier livre et son général Nogi a été le déclic. Il me fallait un militaire[1] ! »

En publiant chez del Duca, l'éditeur des *Rois maudits,* cette vie du fils bâtard de Charles Quint et d'une lavandière, elle surprend tout le monde car voilà bien un texte que l'on imaginerait mieux sous la plume d'un hussard, Déon ou Nimier, que signé par l'élégante rédactrice en chef de *Vogue*. Nous voici bien loin de «Mousseline»… Le style est vif, nerveux, enlevé, vigoureux et viril, à la Morand. Et la dame n'a peur de rien : à chaque page, on y découpe en morceaux, on y écorche vif, on y éventre, décapite, viole. Ici, une corrida sanglante, ailleurs, des «hommes pendus par le sexe» et des «femmes aux seins coupés[2]». Edmonde a l'art du portrait court et pittoresque, qu'il s'agisse de Luther, de la reine Marie de Hongrie, de l'Infant Carlos ou de la princesse d'Eboli, une borgne intrigante. Tout n'est que conspirations et vengeances à la cour d'Espagne et le valeureux don Juan, vainqueur de la bataille de Lépante et dernier Croisé, finit sa vie à trente-trois ans, victime très certaine d'un empoisonnement, dans un pigeonnier en ruines. Rien ne manque à cette fresque palpitante : une beauté maure prénommée Zahara – qui étrangle son amant en plein sommeil –, les atrocités commises par l'Inquisition, des combats sur terre et sur mer, un prisonnier emmuré vivant ou une reine qui est à la fois l'épouse, la cousine et la nièce de son mari – autant dire les ravages de la consanguinité. Don Juan part à la guerre avec son nain de compagnie, ses deux bouffons et une provision de médailles saintes, il combat aux côtés du jeune Cervantès – qui n'a pas encore écrit *Don Quichotte* –, et l'un de ses courageux arquebusiers n'est autre qu'une femme déguisée en homme, «Maria la Ballerine».

En un seul livre, Edmonde a trouvé son altitude, son rythme littéraire, son tempo rubato : portraitiste de marginaux charismatiques, car à don Juan d'Autriche viendront s'ajouter Coco Chanel et Isabelle Eberhardt, avec le succès que l'on sait. Un mot encore du travail du biographe : recherches impeccables, choix des anecdotes pour leur pouvoir d'illustration, compréhension des faiblesses humaines, respect de l'équilibre entre faits et commentaires. Le critique Paul Guth, qui tient la rubrique littéraire de *Vogue*, traduit l'avis général lorsqu'il écrit : «Edmonde Charles-Roux ressuscite le bâtard de Charles Quint avec une ardeur, une élégance, une pénétration admirables. [...] Dominant sa documentation avec une maîtrise souveraine (l'auteur) se fait successivement historien militaire, spécialiste des armes et des costumes, maître de cérémonies, théologien, mémorialiste, romancier d'aventures et d'amour. Elle réussit ses scènes au point de les rendre inoubliables : la bataille de Lépante, un des plus beaux récits de bataille que l'on ait écrits depuis longtemps[3].» Il y a toujours eu un côté Grande-duchesse de Gerolstein chez Edmonde, caporal-chef de réserve de la Légion étrangère. «Ah, que j'aime les militaires…»

Le talent – «ce lévrier céleste», selon la belle formule de Cyril Connolly – préside à ce baptême littéraire réussi. Le livre est dédié à sa mère et cela peut surprendre car ses rapports avec Sabine n'ont jamais été chaleureux. Pourquoi ne pas avoir choisi François, qu'elle préfère? Ce dernier meurt deux ans plus tard, en 1961. Le sort d'Edmonde, une femme libre qui n'est toujours pas mariée, le préoccupe beaucoup mais ses deux autres enfants sont également source d'inquiétude et d'incompréhension : Cyprienne est toujours ostracisée dans certains cercles à cause de son attitude pendant la guerre et Jean-Marie le déçoit profondément lorsqu'il abandonne la carrière diplomatique pour devenir abbé. Il est ordonné prêtre en 1954, à quarante ans. Après avoir été camérier secret de cape et d'épée du pape Pie XII, leur vieil ami Pacelli, il exerce son ministère à Londres. Royaliste, il milite ardemment pour la béatification de la reine Marie-Antoinette et de sa belle-sœur, Madame

Élisabeth, ce qui fait beaucoup pour ce républicain convaincu qu'est François Charles-Roux.

Edmonde est invitée à des signatures par des libraires parisiens. Sur certaines photos prises alors, en tailleur Chanel et perles, camélia blanc à la boutonnière, chignon impeccable, elle a l'air d'une grande bourgeoise qui n'appelle pas la familiarité. Comment imaginer qu'à trente-neuf ans, elle mène une vie amoureuse toujours aussi intense ? Mlle Charles-Roux fait penser à ce que l'on disait de Marie d'Agoult, tant aimée de Franz Liszt : «Vingt pieds de lave sous six pieds de neige.» Edmonde est en quelque sorte une version brune et française de la *Hitchcock Blonde*. Son air, son regard découragent les timides et mettent au défi les courageux. Certains hommes s'y entendent mieux que d'autres pour dégeler l'igloo et le peintre espagnol Alejo Vidal-Quadras compte au nombre des élus. Ce portraitiste mondain est aussi un séducteur patenté et son épouse, l'actrice argentine Tilda Thamar, poursuit les maîtresses de son mari avec un flacon d'acide afin de les défigurer… Edmonde et Alejo ont une aventure joyeuse et elle lui ouvre les portes de *Vogue*. Il publie dans deux numéros successifs, en décembre 1959 et février 1960, des caricatures du Tout-Paris des arts et des lettres – Françoise Sagan, Marcel Achard ou Leonor Fini – qui remportent un beau succès auprès des lecteurs. Puis Vidal-Quadras laisse la place au romancier François-Régis Bastide, avec qui elle a une liaison plus longue. Et naturellement, il collabore lui aussi à son magazine. Après un récit de voyage consacré au Portugal, en mai 1961, il traite de sujets musicaux et de l'actualité du disque classique à partir de novembre 1963.

Né en 1926 – il a six ans de moins qu'Edmonde –, Bastide, petit-fils d'un banquier du Pays basque, a obtenu en 1956 le prix Femina pour son cinquième roman, *Les Adieux*. Homme-orchestre à la Cocteau, il est à la fois écrivain, astrologue, animateur du *Masque et la plume*, membre du comité de lecture de la Comédie-Française... Il est cultivé et fantasque, mais également cynique, ambitieux et arrogant – une arrogance rieuse et ironique. Sa vie est tissée d'affabulations, il ment à chaque phrase mais raconte superbement. Bastide, c'est *Le Neveu de Rameau* : conversation passionnante mais pas fiable pour un sou. Autant dire qu'avec lui, elle navigue à vue. Leur duo fascine, ils rivalisent d'élégance et d'esprit. Visage de renarde et vestiaire Chanel, Edmonde fait la conquête de ce lévrier en tweed et flanelle. Elle est la Française classique, harmonieusement dosée : grâce et bon sens, liberté et sang-froid. «Il m'a toujours paru qu'ils auraient fait [...], saisi en gros plan par le René Clair des *Grandes Manœuvres*, un beau couple de cinéma[4]», écrit Jérôme Garcin, ami de Bastide.

Ce dernier la stimule, voilà bien l'essentiel pour une femme qui n'a jamais eu une vision angélique de la gent masculine. Quant à lui, il sait qu'il ne s'ennuiera jamais en compagnie d'une amante aussi singulière. Et elle sait lui ménager des surprises que d'autres maîtresses ne pourraient pas lui offrir. C'est ainsi qu'elle l'emmène déjeuner rue Cambon, chez Coco Chanel. «Il y a aussi, excusez du peu, Luchino Visconti», écrit Bastide. «La conversation est étincelante. Les images apparaissent, la lumière ne baissera jamais. Je me tais, bien sûr. J'essaie de me souvenir de tout. Vers la fin, mû par je ne sais quel mouvement, j'ose bredouiller qu'un tailleur Chanel, c'est splendide, certes, mais que, voilà, c'est dommage que cela coûte un peu trop cher. [...] Chanel a pris son téléphone. On lui apporte un de ses plus beaux tailleurs, bleu, rouge, chiné. D'un coup sec, comme d'un coup de dent une lionne ouvre une gazelle, elle démonte une manche, et fait apparaître le transistor d'un millier de minuscules fils blancs, qui font tenir et vivre l'œuvre. Elle me tutoie, soudain : "Tu vois ça ? Et ça ? Et là ? Tu vois, tu as vu, tu as compris, tu comprends ? Tu vois les heures de travail ? Tu les as comptées, toutes[5] ?"»

À la tête de *Vogue*, en ce début des années soixante, Edmonde se considère plus que jamais comme une découvreuse de talents. Elle est un sismographe qui enregistre, avant tout le monde, les dernières secousses et vibrations et, par comparaison, tous les autres magazines féminins de l'époque ont un contenu anémique. Son mensuel dessine un portrait lyrique de Paris, elle veut offrir à ses lectrices toutes les griseries de l'art et de la littérature, de la mode aussi. Si son flair est son plus sûr allié, son seul ennemi est la banalité. Elle ne fait confiance qu'à son intuition, ses propres critères, et la revue porte ses empreintes digitales. Enthousiaste sans être hypnotisée, jamais en panne de repères, elle compose chaque mois une mosaïque savante, éclat après éclat. La personnalité d'Edmonde agit comme un catalyseur et à son contact, les collaborateurs choisis avec soin donnent le meilleur d'eux-mêmes. Elle est intraitable dès que la qualité est en jeu et sans merci, si nécessaire. Le Diable s'est habillé en Chanel bien avant de se vêtir en Prada car son perfectionnisme est une disposition qui marche, main dans la main, avec le sentiment de déception et l'insatisfaction. Elle attache un prix, au point d'en être irritée, à des nuances qui échappent à ceux qui l'entourent.

Sa rédaction est bien dressée. Il lui faut garder la cadence, lasso en main, et elle mène ses troupes à la baguette, avec une vitalité jamais prise en défaut, pouvant travailler quatorze ou quinze heures par jour si besoin est. Edmonde n'exige rien des autres qu'elle ne donne elle-même. Mlle Charles-Roux se fait marcher au doigt et à l'œil, elle est sa propre cravache, ne s'épargnant aucun effort. Incarnée, concrète mais jamais prosaïque, encourageant la rigueur autant que la fantaisie, sachant donner un tour de vis dès que cela s'impose, elle fait de *Vogue* un olympe du talent et de l'intelligence. Insensible à la flatterie mais sachant flatter, ennemie du compromis mais d'une grande souplesse tactique, elle peut faire preuve de courroux mais sans vociférer ni beugler. Le genre maison est ailleurs : une colère froide, redoutée et redoutable.

Chaque mois, l'équipe travaille à toute vapeur. Il s'agit d'un escadron et d'une suite, comme on le dit d'une altesse, tant il est vrai que ses collaboratrices sont autant des assistantes que des dames d'honneur. Edmonde contrôle tout mais, à son poste, cela n'a rien d'une anomalie. Parlons plutôt de maîtrise. La recherche de la perfection entraîne nécessairement cette exigence. Et aucune forteresse ne lui résiste. Si elle désire une contribution, elle charge et gagne la partie, raflant toujours la mise, ne revenant jamais le bec vide. Edmonde, c'est un rhinocéros dans une peau de Parisienne. Ainsi, elle veut Sagan et la romancière, célèbre pour sa paresse, s'incline. Elle signe quatre articles en moins d'un an pour *Vogue* : «La Mode» (mars 1963), «La Femme de 30 ans» (août 1963), «Ni à pied, ni à cheval» (octobre 1963) et «Joies et horreurs d'une maison de campagne» (avril 1964). Quand on sait que Sagan sort tous les soirs et qu'elle est célèbre pour ne pas respecter les délais, ignorant tout des impératifs de maquette d'un mensuel – un papier doit être rendu trois mois avant sa publication –, l'on imagine aisément les efforts déployés par Edmonde pour parvenir à ses fins, en temps et en heure. Un exemple parmi bien d'autres.

Entrons sur la pointe des pieds dans son bureau de la place du Palais-Bourbon. Que découvrons-nous ? Assise derrière son bureau, une femme nous accueille, des demi-lunes posées sur le nez, une esquisse de sourire aux lèvres. Autant dire une Joconde à lunettes. Vêtue d'un tailleur Chanel, d'une robe-chemise de Balenciaga ou d'un blouson – acheté chez Madame Grès – qu'elle porte avec une chemise d'homme et un pantalon cigarette, Mlle Charles-Roux est prête à partir à la pêche aux talents. Bouillonnante d'idées, l'esprit toujours en mouvement, elle est aussi la déesse Shiva, dix bras s'affairant en permanence. Elle nous demande de patienter de temps à autre, afin de répondre à un appel téléphonique : Paris est truffé d'espions à sa solde et elle sait tout ce qui s'y passe avant ses consœurs et confrères. Sa vie est une course contre la montre et elle n'a qu'une question en tête, toujours la même : qui sont les contemporains capitaux ?

Loin des émerveillements de convention, elle ne confond jamais la gloire et le talent, dans tous les domaines artistiques. Elle est ainsi une fervente admiratrice de la Nouvelle Vague et consacre des reportages à Louis Malle, François Truffaut ou Jean-Luc Godard, mais aussi à leurs actrices. «J'ai rencontré Edmonde à Matignon chez les Pompidou», se souvient Macha Méril, qui a droit à quatre pages dans *Vogue* en novembre 1964, alors qu'elle vient de tenir le rôle principal dans *Une*

*Femme mariée* de Godard. «Le Premier ministre et son épouse, Claude, donnaient des dîners-projections, ils étaient les seuls à faire cela à Paris. Nous sortions de table pour voir un film, et ce soir-là, ils avaient choisi *Une Femme mariée*. Edmonde faisait partie des invités et nous avons eu immédiatement des affinités, une complicité. Et il y a alors eu cet article dans sa revue. J'avais une vingtaine d'années et j'étais très admirative car elle réunissait la classe des femmes d'avant et la malice des femmes d'après l'émancipation, et ce bien avant mai 68. Contrairement à Françoise Giroud, qui dirigeait elle aussi un magazine et était également écrivaine, elle n'avait aucune revanche à prendre sur la vie. Toutes ces questions-là étaient réglées, Edmonde avait de la branche et la modestie des grandes. J'ai tout de suite été frappée par son intelligence, son allure et ce petit nez busqué qui ne disait jamais de bêtises. Elle me faisait penser à Katherine Hepburn, voilà des femmes qui menaient carrière et vie privée avec une belle force. Nous nous sommes revues avec grand plaisir au fil du temps, en compagnie d'amis communs, comme le journaliste Kléber Haedens ou le compositeur et chef d'orchestre Maurice Le Roux. Elle aimait les artistes plus que tout. Un jour, je lui ai demandé ce qu'elle apporterait avec elle sur une île déserte et Edmonde a répondu : "des créateurs[6]".»

Actrices et mannequins acceptent toujours volontiers de paraître dans *Vogue*. Comment résister à l'idée de poser pour Horst ou William Klein en robe Mondrian de Saint Laurent, mise en beauté par le subtil Serge Lutens? «Un jour, à vingt et un ans, je décide d'aller montrer mon travail à *Vogue*. J'avais fait de très grands tirages de mes photos, dont celle d'une femme à qui j'avais coupé les cils comme des petites brosses... Edmonde Charles-Roux [...] et Françoise Mohrt, qui dirigeait la rubrique beauté, ont adoré», se souvient Lutens. «C'est ainsi que j'ai commencé à travailler avec les plus grands photographes, Irving Penn, Richard Avedon, David Bailey, Guy Bourdin... On m'appelle pour tout, un maquillage, une coiffure, un décor... *Vogue* devient ma famille. C'était une autre époque. On ne gagnait pas un sou, mais on vivait dans une atmosphère d'extrême facilité : un chauffeur venait me chercher. À notre arrivée au studio, un buffet de Fauchon servi par des maîtres d'hôtel en gants blancs nous attendait. On travaillait et riait beaucoup. J'ai traversé cette période de ma vie dans une euphorie totale[7].»

Certains collaborateurs partent, d'autres arrivent. Paul Guth quitte la rédaction en 1961 et François Nourissier, qui le remplace à la chronique littéraire, rejoint la coterie de plumes d'Edmonde, son état-major de frères d'armes – il a déjà une certaine réputation littéraire et plusieurs romans à son actif. En apparence, tout les oppose. Il est un homme de droite, né dans une famille de petits-bourgeois et sa jeunesse s'est déroulée dans une banlieue triste. Elle est une femme de gauche, fille d'ambassadeur, cosmopolite. Et pourtant, Nourissier devient l'un de ses plus proches amis et ils sont peu nombreux à pénétrer vraiment dans l'intimité de cette femme adepte du «Larvatus Prodeo\*» de Descartes. Elle est très discrète, se livre peu, refusant toute familiarité, souvent distante, métallique. Son regard devient polaire en cas d'invasion ou d'agression et, lorsqu'elle est irritée ou seulement agacée, Mlle Charles-Roux est cinglante, abrasive, elle ferait alors passer la toile Emeri pour de la peau de chamois. Mais Nourissier a toute sa confiance.

«Edmonde était une rédactrice en chef sérieuse, peut-être un peu angoissée. Il est vrai que "New

---

\* «J'avance masqué»

York" la surveillait d'assez près : on y redoutait les initiatives de cette Parisienne si élégante mais si peu salonnarde, aux amitiés brillantes mais "compromettantes", aux choix parfois classiques mais parfois subversifs », écrivait-il en 1996. « Pour ma part, j'étais chargé de consacrer chaque mois une chronique à un livre de mon choix, et je m'occupais avec Edmonde des *features*, qu'on eût appelés ailleurs "sujets magazine". Il y était surtout question des écrivains, des peintres, des musiciens, du ballet, du théâtre, du cinéma. Les sujets les plus "pointus" [...] ne nous paraissaient jamais trop ambitieux. [...] Elle désignait alors les personnages à qui nous offrions l'appui inattendu et prestigieux de *Vogue*, en fonction de leur seul talent, de leur seule singularité. Il arrivait donc que les belles pages brillantes et satinées du journal sentissent un peu le souffre... Je soupçonne Edmonde d'avoir adoré ce parfum[8]. » Il va sans dire que les responsables new-yorkais du groupe de presse Condé Nast font grise mine quand elle met en valeur des communistes notoires comme ses amis Aragon et Triolet, en publiant un inédit d'Elsa – « Les petits cadeaux entretiennent l'amitié » (décembre 1961) – ou en commandant à Louis un article sur Picasso – « La Carmen des Carmen » (novembre 1964).

Entre juin 1961, date à laquelle il publie son premier article (sur Françoise Mallet-Joris) et mars 1965, lorsqu'il cède sa place à Matthieu Galey, François Nourissier forme avec Edmonde un duo affamé d'intelligence et de talent : hommages à Colette (octobre 1961) ou Scott Fitzgerald (avril 1962), publication en exclusivité d'extraits de *Breakfast at Tiffany* de Truman Capote (novembre 1961), visibilité offerte à des auteurs débutants comme William Styron (mai 1962) ou Jean-Marie Le Clezio (décembre 1963), articles commandés à de jeunes romancières telles que Claire Gallois ou Christiane Rochefort... Edmonde et François, après un séjour au Liban, publient également un long reportage à deux voix (juin-juillet 1963) et l'extrait suivant donne toute la saveur du style rédactionnel de Mlle Charles-Roux : «Le vent qui souffle sur le Liban porte en lui tantôt la chaleur des sables, tantôt la brume des neiges et cette diversité complique considé-rablement les questions vestimentaires. [...] Flau-bert, en ce domaine, est d'excellent conseil. Dans une lettre à sa mère, il donnait de son costume de voyage la description suivante : "Si tu veux, pauvre vieille, avoir l'inventaire de ce que je porte sur le corps [...], voici comment je suis vêtu : ceinture de flanelle, une chemise de flanelle, un caleçon de flanelle"…» Nourissier rencontre Luchino Visconti dans le salon blanc et or des Charles-Roux, Edmonde l'emmène dîner à Verrières chez Louise de Vilmorin et lorsqu'il se casse la jambe, elle vient le chercher en voiture, conduite par un chauffeur, pour aller déjeuner chez Lipp : à l'arrière du véhicule, elle a installé un petit banc et des coussins sur lesquels il peut poser son plâtre. Autant dire que la vie à ses côtés est bien un roman.

Dans ses mémoires, *À défaut de génie*, François Nourissier consacre un portrait complexe et nuancé à son amie. Si ces pages lucides n'ont rien d'hagiographique, il défend une Edmonde caricaturée en Marie-Chantal. «On disait qu'un danseur, Jacques Chazot, avait inventé le personnage et qu'Edmonde en était l'inspiratrice. D'où la grande réputation de snobisme à la fois abusive et méritée qui l'encombrait. Elle était travailleuse comme pas deux, habitait trois pièces sous le toit, conduisait une quatre-chevaux fourbue, et l'on voyait mal comment les oripeaux de Marie-Chantal s'étaient collés à elle. Elle était élégante, ce qui est bien le contraire de snob. La voix, peut-être, le phrasé, l'indéfinissable accent ? C'est sans doute par là qu'elle avait péché. Et de cette voix qui pouvait paraître très travaillée, il lui arrivait de dire des choses innocentes, cocasses – on dirait aujourd'hui *décalées* –, comme ce jour qu'elle m'avait [...] interrompu [...] d'un ton plaisant mais sec : "Ah, non, pas un mot devant moi contre la Sainte Vierge!" Pareilles trouvailles embellissaient sa légende[9]. »

Il est vrai que Mlle Charles-Roux tend le bâton pour se faire battre : cette fille d'ambassadeur, qui a une sœur princesse et un frère abbé, dirige le magazine le plus élitiste de la planète. Les Chazot de ce monde se déchaînent, cela va sans dire. Sereine, Edmonde assume pleinement son image de reine du snobisme puisque son deuxième livre, publié chez Grasset en 1965, n'est autre qu'un *Guide du Savoir-Vivre*, sous forme d'abécédaire. Transformée en Mademoiselle Protocole, elle guide ses lecteurs avec amusement et force citations d'auteurs classiques dans une série de chroniques intitulées «Au bal», «En chemin de fer», «Dans l'intimité», «Avec L'argent», «Se taire», «Avec les fournisseurs»...

Matthieu Galey occupe une place différente dans l'alphabet masculin d'Edmonde. Ils ont fait partie tous les deux de l'atelier de nègres de Maurice Druon et il a l'âge d'être son jeune frère – elle a quatorze ans de plus que lui –, un jeune

136

frère surdoué et homosexuel, mais fielleux et foui-
neur, qui a suivi lui aussi une partie de ses études
au lycée Chateaubriand de Rome. Ce fils de
famille, comme l'on dit alors, est à la fois membre
du comité de lecture de Grasset et critique littéraire
à *Arts* lorsqu'il remplace Nourissier à la rubrique
Livres de *Vogue*, en mars 1965. Galey est à la fois
fasciné et agacé par Edmonde, qu'il décrit dans
son journal comme «un miracle d'éducation mais
mécanique si parfaite qu'on ne songerait point à
lui chercher une âme[10]». Il la dépeint comme un
*who's who* vivant, qu'il prend plaisir à consulter.
Une vision réductrice, caricaturale, sans affection.
Autant dire que le charme Charles-Roux échappe
à ce garçon qui, au fond, n'aime personne et fait
penser à un cornichon abandonné dans un bocal
de vinaigre. «Il ne faut pas confondre intelligence et méchanceté, gentillesse et bêtise», disait
Cocteau.

En plus de Matthieu Galey, Edmonde confie
des articles à d'autres écrivains comme Chris-
tine de Rivoyre (Mary McCarthy, août 1965),
Jean-François Revel («Pauvert, éditeur casse-
cou», septembre 1965), Bernard Frank (Sagan,
octobre 1965), Marguerite Duras qu'elle appelle
«madame Dura» sans prononcer le *s* final (Made-

leine Renaud, avril 1966), Lesley Blanch (*Le Parfum*, juillet 1966) ou encore son ancien amant Maurice Druon, qui lui livre des «Maximes sur l'élégance» en septembre 1965 et un portrait de Leningrad en juin 1966. Sans oublier Violette Leduc, romancière émouvante et désaxée. Depuis que Simone de Beauvoir en personne a présenté dans *Vogue* son livre *La Bâtarde*, en décembre 1964, Edmonde l'a prise sous son aile et lui commande des papiers car elle a toujours besoin d'argent. Après «Une Ville c'est une femme» en mars 1965, elle signe un portrait du couturier Balenciaga (avril 1965) et un reportage sur le tournage en Espagne du film *Docteur Jivago* (mars 1966). Mais elle ne lui apporte pas seulement un soutien professionnel. Ainsi, lorsque Violette est opérée d'un cancer du sein, en novembre 1965, Edmonde est à son chevet à la clinique lorsqu'elle se réveille, car la romancière est célibataire et sans famille. Peut-on vraiment parler de «mécanique si parfaite qu'on ne songerait point à lui chercher une âme»? Son attitude envers un Derain ou une Violette Leduc semble prouver le contraire.

Le prestige de Mlle Charles-Roux dans le monde du journalisme est à son zénith, lorsqu'elle apprend, de la bouche même du comptable, en mai 1966, qu'elle est renvoyée. La raison officielle? Sam Newhouse, le propriétaire des éditions Condé Nast, lui demande par l'intermédiaire d'Alexander Libermann, directeur éditorial du groupe et ami d'Edmonde depuis de longues années, de renoncer à vouloir mettre en couverture de *Vogue* un mannequin noir, Donyale Luna. Edmonde refuse catégoriquement de leur obéir. Libermann déploie des trésors de persuasion mais elle reste inflexible. La scène se déroule en mars 1966, et fin mai, elle se retrouve brutalement au chômage, à l'âge de quarante-six ans.

# VIII

« Edmonde a été chassée de *Vogue* par Libermann, […] qui avant cet événement était son
meilleur ami, et il l'a chassée avec tout l'arsenal
de *dostoïevskeries*, la trahissant d'abord de la façon
la plus abjecte, puis la suppliant de lui pardonner
en se tordant les mains, en versant des flots de
larmes[1] », écrit Elsa Triolet à sa sœur Lili Brik, qui
vit à Moscou. « On lui avait, notamment, reproché
d'être amie avec nous[2] », précise-t-elle dans une
lettre ultérieure. Là est bien la raison réelle du
renvoi d'Edmonde : le mannequin noir n'est
qu'un prétexte puisque cette même Donyale Luna
fait la couverture du *Vogue* anglais en mars 1966
sans que ce choix n'entraîne des mesures puni-
tives identiques à l'égard de la rédaction britannique. Edmonde est sanctionnée pour ses prises de
position idéologiques, sa personnalité et ses choix

dérangent, elle affiche trop son amitié et son admiration pour des communistes comme les Aragon. Les préjugés américains la hérissent et elle entend leur tordre le cou, à sa manière : griffes sur pattes de velours.

Edmonde sait que l'entrée des Russes à Budapest, en pleine période de maccarthysme, signe, en quelque sorte, son arrêt de mort. Elle est épiée et chacun de ses choix est vécu comme une nouvelle provocation, une nouvelle offense. Il va sans dire que sa présence régulière et commentée aux journées du Livre de la Fête de *l'Humanité* n'arrange rien... Le vers est dans le fruit et il ne cessera de l'abîmer. Enfin, et cela joue un rôle important dans cette affaire, Edmonde est, selon certains, détestée par Diana Vreeland, qui dirige l'édition américaine du magazine.

Les deux femmes se connaissent bien, elles se voient à Paris, lors des collections, mais également à Manhattan, où Edmonde, devenue rédactrice en chef, séjourne chaque année un mois entier, entre janvier et février, invitée du groupe Condé Nast. Vreeland, beaucoup moins intellectuelle et cultivée, jalouse son prestige, qui menace sans cesse sa suprématie et cela l'irrite au plus haut point – elle appelle «Frog» le *Vogue* français et critique sa rivale dès qu'elle le peut auprès de la direction. Le 21 octobre 1966, Edmonde, qui à ce moment-là vit déjà d'autres aventures, peut savourer une douce vengeance lorsque son vieil ami William Klein sort son film *Qui êtes-vous Polli Magoo ?* Cette comédie satirique ridiculise les outrances du monde de la mode, et l'actrice Grayson Hall, dans le rôle de miss Maxwell, est une Diana Vreeland plus vraie que nature, la ressemblance n'échappe à personne et la fureur de ladite Vreeland est homérique.

Voilà donc Edmonde au chômage. Elle connaît le Tout-Paris des médias mais pas un patron de presse ne propose du travail à une rédactrice en chef licenciée par les Américains. Néanmoins, elle ne reste pas longtemps abattue et inactive puisque son ami Nourissier, conseiller chez Grasset, lui demande alors des nouvelles de ce roman qu'elle écrit depuis déjà un certain temps, à ses heures perdues, le week-end en Normandie, dans une ferme qu'elle loue à Helena Rubinstein. Le texte est presque terminé, Nourissier le lit, il lui plaît et il décide de le publier très vite afin de le sortir à l'automne 1966. «"N'espérez pas trop nous apitoyer sur la grande bourgeoise progressiste à qui les vilains Américains de Madison font payer son

goût pour les communistes, les nègres et la provocation. Trop chic, tout cela[3]" », commence par dire
Bernard Privat, qui dirige les éditions Grasset,
avant d'accepter le manuscrit, convaincu par le
talent de l'auteur.

Le livre, qui s'intitule *Oublier Palerme*, raconte
la trajectoire, entre New York et la Sicile, de deux
jeunes femmes, Babs et Gianna. La première est
une WASP aseptisée, carriériste, un sosie de Grace
Kelly sans les ambiguïtés hitchcockiennes. La
seconde, qui a fui la Sicile ravagée par les bombardements de la Deuxième Guerre mondiale, est
infiniment plus complexe et subtile. Toutes deux
travaillent pour *Fair*, un magazine féminin qui est
une référence à peine voilée à *Vogue*, *Vanity Fair* et
*Flair*, la revue de Fleur Cowles. Sa rédactrice en
chef s'appelle d'ailleurs Fleur Lee et elle évoque
de manière troublante Diana Vreeland, jusque dans
sa manière de s'exprimer. Le mot favori de miss
Vreeland, « Pizzazz », qui désigne tout ce qui est
flamboyant et a de l'allure, devient « Zzang » sous
la plume d'Edmonde. L'auteur achève de tordre
le cou à son ancienne rivale en stigmatisant le
contenu famélique de sa ligne éditoriale et l'incul-
ture du personnage.

Le roman est surtout un hymne, une déclaration
d'amour à la Sicile. La Sicile des noms aristocra-
tiques – duc de la Verdure, duc du Mystère Blanc,
prince de l'Aube Fleurie, baron du Rocher aux
Palombes –, des jurons imaginatifs – «Va te faire
moucher par le diable» –, des pâtisseries succu-
lentes – tels les «Triomphes de la gorge» – et des
dictons – «Il y a des circonstances où le Seigneur
ne nous a pas fait une bouche pour parler». La
Sicile des machos qui n'osent pas retirer leur veste
dans un lieu public car cela pourrait compromettre
la femme qui est assise à côté d'eux, la Sicile des
écrivains publics, de la superstition, de la mafia,
des apparences trompeuses, des fêtes religieuses et
des processions, des *bambini* qui sont partout et
prennent le frais sous les roues des voitures lors des
pique-niques dominicaux. La violence fait partie
du pacte, ainsi que l'illustre la scène qui oppose
le héros, Carmine Bonnavia, un démocrate qui
vise la mairie de New York, à un vendeur de fleurs
palermitain. L'épisode avait bel et bien existé et
Edmonde a su donner un sens littéraire à ce fait
divers.

*Oublier Palerme* reçoit le prix Goncourt
le 21 novembre 1966. La franc-maçonnerie
Charles-Roux a livré bataille pour que le livre

l'obtienne – les trois membres les plus puissants de cette coterie sont Louis Aragon, Elsa Triolet et Hervé Mille, influent directeur de *Paris Match*. L'on raconte alors que ce dernier reçoit plus de télégrammes de félicitations qu'Edmonde... Mlle Charles-Roux avait prouvé avec son *Don Juan d'Autriche* qu'elle était une biographe accomplie et voilà que son premier roman remporte le prix si convoité. Il n'est pas son meilleur livre mais cette consécration arrive à point nommé, après l'humiliation infligée par Condé Nast. Les lecteurs sont au rendez-vous et les ventes dépassent les trois cent mille exemplaires. Il est traduit en plusieurs langues, parmi lesquelles l'anglais, et Edmonde est accueillie triomphalement à New York par son éditeur américain, ce qui a dû lui mettre du baume au cœur, en plein bastion ennemi. La voilà littérairement adoubée par ses pairs, l'épée lui a touché l'épaule.

C'est alors que Gaston Defferre, le maire de la cité phocéenne, lui propose de la faire « citoyenne d'honneur » de la ville, fief de sa famille. Edmonde commence par refuser car elle garde de mauvais souvenirs de l'Occupation et elle n'y est pas retournée depuis 1945. Mais, accompagnée de Bernard Privat, qui dirige Grasset, elle finit par accepter son invitation. Après avoir reçu la médaille de la ville, elle déjeune chez Defferre et découvre avec étonnement la culture d'un homme qui aime les surréalistes et les questionne sur les deux Julien – Gracq et Green –, sur Bernanos et sur celui qu'il appelle «l'abominable Céline». Edmonde le voit pour la première fois mais Gaston lui apprend qu'il la croisait dans le tramway pendant la guerre, sans oser lui adresser la parole. Quelques jours plus tard, à Paris, elle reçoit le télégramme suivant : «J'arrive demain.» Pensant qu'il profite d'une séance à l'Assemblée nationale pour poursuivre leurs échanges littéraires, elle organise un dîner à trois avec Privat. Fine mouche, ce dernier a compris que l'homme politique se passerait bien de sa compagnie mais Edmonde préfère qu'il se joigne à eux. Une semaine plus tard, même télégramme. Cette fois, Mlle Charles-Roux l'invite rue des Saints-Pères pour une soirée en tête-à-tête... Ils tiennent leur liaison secrète car le député-maire de Marseille est marié et le moindre écart de conduite peut être exploité par ses ennemis, nombreux, et fragiliser sa carrière politique. En l'espace de seulement huit mois, Mlle Charles-Roux est renvoyée de *Vogue* comme une pestiférée, elle obtient le prix

Goncourt pour son premier roman et rencontre l'homme de sa vie.

Edmonde et Gaston... Autant dire Duchesse et O'Malley dans *Les Aristochats*. Elle est élégante, sophistiquée, cosmopolite, très Saint-Germain-des-Prés-Manhattan. Il est un homme de région et de terrain plus que de salon, débrouillard et bagarreur, avec un goût certain pour les duels. Cette femme altière, énigmatique, distante et cet homme jovial, qui copine avec le milieu marseillais, semblent aux antipodes. D'un côté, une héroïne de Morand habillée en Chanel, de l'autre, un proche de Mémé Guérini. Mais la situation est plus complexe car Edmonde n'a rien de la princesse au petit pois, qui souffre mille morts parce qu'on a glissé un élément minuscule sous le quatorzième matelas. Elle a fait la guerre, a été résistante, travaille depuis toujours. C'est une femme solide, qui n'a pas froid aux yeux et qui monte immédiatement en première ligne en cas de crise. Et, ce qui ne gâte rien, elle admire la trajectoire de ce soupirant atypique. N'ayant jamais eu des héros de mie de pain, elle a de quoi se mettre sous la dent avec le fringant Gaston.

Defferre est né le 14 septembre 1910 à Marsillargues, dans l'Hérault – il a cinquante-six ans lorsqu'il rencontre Edmonde, qui en a alors quarante-six. «Le roi phocéen», ainsi qu'on le surnomme, appartient à une famille bourgeoise et protestante de la région nîmoise. Son père, juriste, se ruine au jeu – cartes ou courses de chevaux, peu lui importe le parfum pourvu qu'il ait l'ivresse. Il y perd jusqu'au dernier centime et doit revendre son étude – Gaston en conçoit une aversion inguérissable pour les casinos et les hippodromes. Humilié, ostracisé, Paul Defferre s'installe à Dakar, mais il abandonne les siens pour suivre une maîtresse, laissant seuls son épouse et leurs quatre enfants sans argent. On ne peut imaginer plus éloigné de François Charles-Roux, père et époux impeccablement responsable. Gaston a connu dès l'enfance la précarité matérielle, ce qui ne fut jamais le cas d'Edmonde.

De retour à Nîmes, Gaston fait des études très moyennes, il n'a rien d'un intellectuel et préfère les terrains de sport aux salles de classe – il est un escrimeur et un cavalier hors pair et passe le reste de son temps à séduire les filles. Le jeune Defferre finit par se tourner vers le droit, comme Paul qu'il rejoint à Dakar pour se former dans son cabinet d'avoué. Il méprise son géniteur mais l'expérience professionnelle lui est fort utile – «La fin justifie les moyens» est bien une maxime *defférienne*. Une fois son diplôme d'avocat en poche, il s'inscrit au barreau de Marseille. Sa mère s'y est remariée avec un homme d'affaires influent et il compte bien profiter du carnet d'adresses de son beau-père pour se monter une clientèle. Peu doué à l'oral, il bafouille d'une voix nasillarde et comprend vite qu'il ne sera jamais un ténor du barreau. Mais il fait carrière, peu à peu, et l'argent gagné lui permet de céder à sa seule coquetterie : des costumes sur mesure commandés à des tailleurs londoniens. Tout comme Edmonde, il est tiré à quatre épingles du matin au soir. «Monsieur, mon âme est d'un temps où l'on s'habillait bien. Tant pis pour vous si la vôtre est d'une époque où l'on s'habille mal» (Barbey d'Aurevilly).

En 1935, il épouse Andrée Aboulker, une brillante jeune femme proche des sphères surréalistes – un mouvement qui le fascine et qu'il suit attentivement depuis longtemps. Il s'agit d'un couple politisé puisqu'elle fait partie des Jeunesses communistes et qu'il est inscrit à la Section française de l'Internationale ouvrière, qui deviendra le Parti socialiste en 1969. Gaston est déterminé à lutter contre les inégalités sociales. Après avoir découvert, à Dakar, la misère dans laquelle les colons blancs maintiennent les Africains, «le jeune bourgeois côtoie de près, dans des quartiers populeux, des formes de misère humaine qu'il n'imaginait pas. Ses promenades dans Marseille lui font aussi découvrir un monde inconnu : les dockers du port, les ouvriers du quartier de la Belle-de-Mai, les immigrants venus de toute la Méditerranée pour chercher du travail à Marseille ou fuir les persécutions[4] ». Tout comme Edmonde ne voit nulle contradiction dans le fait d'assister à la fête de l'Huma dans un tailleur Chanel qui représente des années de salaire d'un camarade de la base, Gaston ne se sent absolument pas incohérent en défendant les plus démunis vêtu de costumes fort coûteux réalisés par de grands tailleurs de Savile Row.

En septembre 1939, Defferre n'a qu'une priorité, combattre le IIIe Reich – Edmonde et Gaston sont de grands patriotes, ce lien entre eux sera profond. « Sa » guerre est exemplaire : articles pour la presse socialiste clandestine, participation à la création du réseau Brutus – dont il prendra la tête en 1943 –, aide juridique apportée aux victimes de Vichy, organisation de réunions en zone occupée, engagement au sein des Forces françaises combattantes, séjours à Londres et à Alger… Il est connu sous plusieurs pseudonymes – « Danvers », « Gaston Leroux » ou « Cassius » –, et l'on ne compte plus les gens qui lui doivent la vie. Mais il n'en perd pas de vue pour autant son objectif secret : libérer Marseille du joug allemand et devenir maire de la ville. Et tout se déroulera comme il le souhaite. Defferre sait que ce rêve ne peut se réaliser sans l'appui d'un journal et, en août 1944, après le débarquement allié dans le Sud, il s'empare du quotidien *Le Petit Provençal* – à cette date, tous les organes qui ont continué à paraître pendant l'Occupation ont l'étiquette «presse collabo» et sont condamnés à disparaître, la loi est donc de son côté. Rebaptisé *Le Provençal*, il devient le principal soutien de Gaston. Ce dernier divorce en 1945 et se remarie avec Marie-Antoinette Landry de Barbarin, une beauté qui est aussi lieutenant des services de santé du 21$^e$ groupe d'armées du maréchal Montgomery – l'épouse n° 2 n'est pas restée les bras croisés pendant la guerre, tout comme l'épouse n° 3, Edmonde.

Dès lors, tout va très vite. Devenu patron de presse, Defferre s'entoure de tous ceux qui peuvent l'aider dans sa carrière politique, même des membres de la pègre marseillaise. Il peut ainsi compter en toutes circonstances sur le célèbre Mémé Guérini, un ancien résistant qui fait fortune grâce au jeu et à la prostitution. Étrange personnage que ce Mémé… Il obtient la médaille de la Résistance, en plus de la croix de guerre, pour avoir sauvé une petite fille juive de douze ans et fait désormais le mac, à la tête d'une armée de femmes de petite vertu. Gaston fréquente ses cabarets, le Versailles ou l'Annabel's Club, lieux de toutes les négociations secrètes.

Maire de Marseille de 1944 à 1945 puis de 1953 à 1986, Gaston est successivement député et sénateur des Bouches-du-Rhône, ministre de la Marine marchande, ministre de la France d'outre-mer et président du groupe socialiste à l'Assemblée nationale (1962-1981). C'est là, en plein hémicycle, qu'il lance un tonitruant «Taisez-vous, abruti» à un certain René Ribière, avant de remporter, contre l'homme offensé, le dernier duel officiel de l'histoire de notre pays. Gaston est Portos, Athos et Aramis à lui tout seul. Résistant, maire de la deuxième ville de France, parlementaire, ministre, inspirateur de la décolonisation, auteur d'une loi-cadre qui porte son nom – elle concerne l'autonomie accordée aux territoires africains –, candidat à la présidentielle de 1965 face au général de Gaulle, mais aussi duelliste au sang chaud et ami de la Mafia… En 1964, on le voit répandre des flots de larmes lors des obsèques de son grand ami

153

Louis Rossi dit «Le Commandant», autre figure du Milieu. Gaston, le nouvel amour d'Edmonde, ne manque pas de panache.

«Ça n'a pas été un coup de foudre. Nous avions chacun une partie de notre vie derrière nous. Nous avons appris à nous connaître, à nous comprendre, à nous mesurer. Pendant sept ans, nous avons vécu séparément, lui à Marseille, moi à Paris. On se voyait en Italie. Il lui fallait être très prudent à cause de son statut d'homme politique, et puis il n'avait rien à reprocher à sa femme[5]», confiait Edmonde en 2001. Leur refuge italien est Panarea[6], l'une des îles Éoliennes de la mer Tyrrhénienne, en Sicile. Cette terre volcanique est sauvage, aride. Il n'y a ni eau – qu'il faut faire venir du continent par bateau-citerne –, ni électricité, ni routes – seulement des passages pour les muletiers. Il faut revoir des films comme *Stromboli* de Roberto Rosselini ou *L'Avventura* de Michelangelo Antonioni pour avoir une idée précise de l'atmosphère qui y régnait alors. On ne peut rêver mieux pour y abriter une liaison en toute discrétion. «Nous n'étions pas mariés et j'ai cherché un endroit tranquille, loin des espions marseillais. Gaston aimait se baigner, les protestants nîmois ont un rapport très particulier, presque médical, avec la mer. Il faut aller à la mer, c'est une obligation pour la santé. Il y avait de ça, en très évolué, chez Gaston. C'est alors que j'ai trouvé Panarea. Nous sommes tombés fous amoureux de cet endroit et j'y ai loué une simple baraque de pêcheur pendant des années.» Le trajet depuis Naples, à bord d'un rafiot qui donne l'impression qu'il peut couler d'un instant à l'autre, est en soi une expédition. Le couple quitte le port à 19 h 30 et, après une nuit et une matinée de traversée, ils arrivent enfin le lendemain, vers 13 heures.

Panarea est une thébaïde éminemment *edmondienne* puisqu'une poignée d'êtres singuliers et talentueux s'y retrouvent chaque été. «La vie sur ces petites îles enchantées commence toujours de la même façon», analyse Edmonde. «Au début, il y a un peintre – Iacovleff à Capri, Cremonini à Panarea – et deux ou trois femmes extravagantes qui forment le noyau de départ d'un paradis.» En l'occurrence, Marina Volpi, fille du créateur de la Mostra de Venise, et Toto Koopman – mannequin célèbre, espionne déportée en camp de concentration pour faits de résistance et égérie de l'une des galeries d'art les plus vibrantes d'Europe dans la seconde moitié du XX<sup>e</sup> siècle. Leur cénacle comprend également les peintres Leonardo Cremonini et Roberto Matta, le joaillier Fulco di Verdura ou le cinéaste Luchino Visconti et sa sœur Ida. «Panarea était trop sauvage et dangereuse pour les mondains. Les chemins étaient mortels, surtout la nuit, car tous les déplacements se faisaient à pied, il n'y avait pas de voitures et on pouvait se briser la cheville à chaque instant sur ces sentiers défoncés. Contrairement à Capri, il n'y avait pas de yachts chics où faire des effets de costume. Panarea a rassemblé une petite société de gens très libres et très créatifs. Rien n'a été plus élégant que le Panarea des années soixante, dans la simplicité absolue. L'inverse du côté cirque de Capri.»

Dans la journée, les divers résidents se consacrent à leurs projets du moment. Edmonde écrit un nouveau livre, Gaston étudie ses dossiers, Matta et Cremonini peignent en profitant de la lumière intense, Fulco di Verdura dessine des bijoux et Visconti peaufine un scénario. «Nous formions une équipe de joyeux vacanciers mais nous avions aussi nos heures de travail. On se voyait surtout le soir, chacun se baignait et nageait de son côté. Le bain est une tradition très antique, une question d'intimité. Nous éprouvions une joie de vivre immense, plus grande que je ne l'avais connue, des années auparavant, à Capri.»

Comme il n'y a pas de plage, les estivants louent, à l'heure, des barques à des pêcheurs, dont les épouses assurent le service des différentes maisons. Edmonde, vêtue de paréos qu'elle commande à Madame Grès, veille au moindre détail et Gaston se détend, loin des charges qui pèsent sur ses épaules. À midi, elle lui sert des poissons grillés et des pâtes aux sauces aphrodisiaques.

Vers 18 heures, il est temps de se retrouver chez les uns et les autres. Edmonde et Gaston aiment particulièrement la Casa Dei Sette Mulini, propriété de Toto Koopman et de sa compagne, la galeriste allemande Erica Brausen. À la nuit tombée, les deux femmes font allumer des dizaines de photophores sur les différentes terrasses, deux par marche, et leurs convives dînent en regardant, au loin, le volcan de Stromboli en éruption. Gaston, très stimulé, se retrouve à la même table que le metteur en scène Peter Brook, le sculpteur César ou le compositeur Pierre Barbaud. Il faut imaginer Edmonde faire son apparition en longue robe de dentelle blanche, une lanterne à la main, car, au retour, il fait si noir que l'on n'y voit pas à un mètre. La lanterne est son sac du soir.

La vie quotidienne sur l'île, sicilienne et pittoresque, enchante le couple. N'y trouve-t-on pas deux sorcières, Teresina et Anunciada ? L'une enlève le mauvais œil, l'autre le jette, mais, comme elles changent régulièrement de rôle, tout le monde finit par s'y perdre. Panarea dispose aussi d'un petit dictateur local. Malheur à quiconque ne lui demanderait pas son avis pour choisir une maison ou un emplacement. Ne pas le consulter transforme le quotidien en cauchemar. Le bateau oublie alors systématiquement de vous livrer et votre courrier disparaît comme par enchantement. Quant au seul téléphone, il appartient à Giovanino, l'épicier qui vit et travaille au sommet de l'île. En cas d'appel du continent, il prévient chaque personne par haut-parleur, de sa boutique. « On cherchait souvent à joindre Gaston de Marseille et Giovanino, qui était l'indiscrétion même, vous faisait part, à l'aide de son micro, des demandes de vos divers interlocuteurs, même si c'était très personnel, très confidentiel. Il s'exprimait en sicilien et je traduisais, tous les voisins en profitaient mais c'était chacun son tour. Très marqué par sa période surréaliste, Gaston était fou de bonheur, il adorait cette ambiance si typiquement Panarea. » Écouter les propos de Giovanino devient un jeu auquel certains résidents se prêtent avec jubilation.

Un jour, Gaston est demandé au téléphone. On lui passe un officier de marine anglais qui a fait escale à Alexandrie. En se promenant sur le port, il passe devant un hangar et voit deux pieds énormes en bronze. Il rentre et découvre... Ferdinand de Lesseps, en quatre morceaux. La statue, payée par la Société du canal de Suez, était cinq fois grandeur nature. Déboulonnée par Nasser, elle avait été découpée et entreposée dans ce lieu. Une fois arrivé à Marseille, l'officier demande à voir le maire et son secrétariat le contacte à Panarea. « "Il n'y a qu'une chose à faire, faisons-le venir !", a dit Gaston et l'Anglais est venu passer quelques jours en notre compagnie. Nous réalisons que si nous n'agissons pas très vite, l'un des morceaux de la statue va disparaître et être recyclé en Dieu sait quoi. Nous prenons, à Panarea, la décision d'envoyer les Compagnons du Devoir français à Alexandrie pour remettre ce pauvre Lesseps debout. Gaston se met alors en contact avec le gouvernement égyptien pour leur annoncer qu'il souhaite reprendre la statue de ce très grand homme, à qui l'Égypte doit beaucoup. Il lui a été répondu qu'elle resterait là où elle était. Notre amie la galeriste Erica Brausen a été d'une grande aide avec toutes les questions juridiques.

Selon elle, l'objet appartenait à la Société du canal de Suez qui ne faisait que reprendre son bien. La question me touchait beaucoup car mon père avait été le dernier président de la Compagnie universelle du canal maritime de Suez, de 1948 à 1956», raconte Edmonde. «Les Compagnons du Devoir ont pu tout de même se rendre à Alexandrie car Gaston n'a pas lâché le morceau. Ils ont fait un travail magnifique mais il nous fut impossible de rapatrier la statue en France. Elle se dresse sur un socle dans le jardin du musée de Port-Saïd. Cet épisode est très Panarea, il n'aurait jamais pu se dérouler à Deauville. Il y avait des ondes, des ondes typiquement siciliennes! Dès 1967, et pendant une bonne dizaine d'années, nous avons passé sur cette île des séjours idylliques, Gaston a rarement été aussi heureux. Puis l'envahissement, les touristes ont tout détruit… lorsque les nouveaux riches sont arrivés avec des architectes-paysagistes, j'ai su que c'était le début de la fin. Toutes les îles, victimes de leur succès, sont passées par ce triste processus.»

# IX

En France, le couple se retrouve discrètement le week-end, en Normandie ou dans l'appartement parisien d'Edmonde, qu'elle fait alors redécorer par un jeune débutant de vingt-quatre ans, Jacques Grange, que lui présente Aragon. Elle est, avec la princesse Ashraf, sœur du Shah d'Iran, sa première cliente importante. Le chantier de la rue des Saints-Pères correspond à l'une des ventes Jacques Doucet, grand couturier devenu mécène et collectionneur, et Edmonde, qui se passionne pour les styles Art Nouveau et Art Déco, lui accorde un budget très important et le charge de lui acheter plusieurs pièces exceptionnelles, parmi lesquelles des fauteuils aux accoudoirs «serpent» de Paul Iribe et des fauteuils laqués de Pierre Chareau, créateur de mobilier pour des lieux légendaires, comme la Maison de verre à Paris ou la villa

Noailles à Hyères. «Le jour où l'on devait livrer les Chareau, la jeune femme chargée de cette mission délicate est vraiment en retard. Edmonde, la ponctualité incarnée, commence à manifester des signes d'impatience et moi, intérieurement terrifié, j'imagine le pire : un accident, la fin de ma carrière à peine commencée», se souvient Jacques Grange. «Enfin, la retardataire arrive. Elle nous présente ses excuses et nous explique que le quartier est bloqué à cause d'une manifestation, la Sorbonne se mêlant aux usines. Nous étions en mai 1968 et la circulation était plus que hasardeuse. C'est alors qu'Edmonde, radieuse, se précipite à la fenêtre, l'ouvre, se penche et s'écrie : "Ce sont tous des camarades, qu'ils montent!" Mademoiselle Charles-Roux prise en flagrant délit de romantisme estudiantin et ouvriériste de mai 68. Chazot en personne n'aurait pas imaginé une telle réplique dans la bouche de sa créature, Marie-Chantal[1].»

Dans ce nid d'amour germanopratin, elle reçoit Gaston et s'isole pour écrire son nouveau livre, un roman qui s'intitule *Elle, Adrienne*. Adrienne s'inspire librement de Coco Chanel, avec qui Edmonde a entretenu, dès leur rencontre, une relation ambiguë où l'attraction le dispute à la désapprobation, entre médailles et griefs. Elle l'admire car elle a révolutionné la vie des femmes mais aussi parce que son destin est le fruit de sa volonté. La guillotine tombe dès lors qu'il s'agit de la Coco opportuniste qui a frayé avec les Allemands pendant l'Occupation. Le 5 février 1954, Edmonde est présente lorsque Mademoiselle, à l'âge de soixante et onze ans, fait son retour sur la scène de la mode. Les salons de présentation de la rue Cambon sont pleins mais beaucoup ne sont venus que pour de mauvaises raisons. La collection sent la naphtaline et les critiques sont blessantes, mais Chanel, grâce aux Américains, va finalement réussir son come-back en imposant son célèbre tailleur de tweed, l'équivalent du costume masculin, qui, par un miracle d'équilibre, devient le comble de la féminité et de l'élégance. La magie de ces tailleurs légers, sans armature, est affaire d'architecture. La précision des emmanchures fait des épaules gracieuses, les jupes, «accrochées» à la pointe des hanches, permettent de marcher avec naturel. Buste étroit, jambes et bras longs et fins, cou dégagé par une encolure basse. Un style immuable où seuls les détails changent et donnent l'illusion d'une silhouette différente : une couleur, un imprimé, une ganse ou un bouton-bijou. Mince et brune, belle avec réserve, raffinée sans ostentation, racée et intelligente, Edmonde est en quelque sorte l'idéal féminin de Coco : la séduction et l'allure au service d'une personnalité intense. Son image est intimement liée au style maison, qu'elle adopte dès les années cinquante, et elle sera l'une de ses ambassadrices les plus identifiées, l'incarnation plus que parfaite de l'esprit Chanel.

Dès lors, Edmonde empruntera des centaines de fois l'escalier de miroirs de la rue Cambon. Elle assiste à toutes les collections et s'y rend pour ses essayages, mais aussi pour déjeuner ou dîner avec Coco. À chaque saison, *Vogue* consacre de longs reportages aux nouvelles collections Chanel et Edmonde compose un bouquet d'aphorismes de la couturière pour le numéro de décembre 1963. Peu à peu, les rapports professionnels laissent place à une forme d'amitié, teintée de pitié de la part de la cadette. «Elle était vraiment poignante», racontait-elle en 1998. «Elle m'a toujours amusée et émue. Son angoisse après minuit, quand tout le monde était fatigué et qu'elle essayait de relancer la conversation. Elle sentait que ses invités pouvaient partir. Elle aurait fait n'importe quoi pour ne pas rester seule[2].» Coco encourage également Edmonde à ne pas céder aux influences, à cultiver sa différence. «"Vous avez un style, celui des paysannes arlésiennes, ne bougez pas de ça, ne coupez pas vos cheveux, laissez parler ces crétines." C'était une peste mais elle avait raison[3].»

Après avoir sollicité Louise de Vilmorin, Paul Morand ou Michel Déon, Chanel se tourne vers Edmonde avec l'espoir qu'elle acceptera d'écrire ses mémoires. Bien consciente que la vieille dame ment au point d'en arriver à croire à ses propres affabulations, elle refuse avec diplomatie mais l'idée fait son chemin. Elle finira par lui consacrer trois livres et commence ses recherches deux ans avant la mort de la principale intéressée. Le premier cercle s'en rend parfaitement compte et un témoin privilégié voit un jour Edmonde fouiller dans le secrétaire de Coco, à la recherche de documents personnels[4]. Son enquête la mène en Auvergne, lieu de naissance de la couturière, et sa démarche n'échappe pas à Chanel, qui reçoit un courrier d'un vieux cousin lui racontant la visite d'Edmonde, qui lui a demandé de lui confier des photos de jeunesse de Coco. «À la fois amusée et inquiète, Coco m'avait montré cette lettre», écrit son ami Jacques Chazot. «Inquiète, car elle était très ombrageuse quant à son passé. Edmonde avait poussé le souci professionnel jusqu'à prospecter les mairies, les villages, réussissant ainsi à retrouver ce que Mademoiselle toute sa vie avait tenté de dissimuler[5].» Après le décès de Chanel, en janvier 1971, Edmonde est la première à proposer à *Paris Match* un incroyable album de clichés inédits, réunis au fil de son enquête. «J'étais indigné, poursuit Chazot. Pour moi, la mort de Coco était trop proche pour que je ne sois pas choqué par ces mœurs journalistiques qui ne sont que trop coutumières. […] J'en ai voulu à Edmonde Charles-Roux, d'autant plus que ses relations avec Coco avaient été merveilleuses. Mademoiselle était fascinée par elle, car Mlle Charles-Roux est une femme belle, séduisante, élégante, intelligente, une femme qui a tout pour elle. Je ne lui pardonnais pas d'avoir agi comme n'importe qui[6].» La journaliste, grisée par la chasse au scoop, avait pris le pas sur l'amie.

Publié en cette même année 1971, le premier livre qu'Edmonde consacre à Chanel, le roman *Elle, Adrienne,* se concentre sur les années d'Occupation et sur sa liaison avec un officier allemand – Ulric, son héros, est la version *edmondienne* de Hans Günther von Dincklage, baron Spatz, l'amant de Coco. Elle excelle à peindre ses personnages dans la tourmente de l'époque et sa description du Paris des trafiquants est exemplaire. Il s'agit d'un roman à clefs et l'on reconnaît sans peine Misia Sert, Bébé Bérard et André Derain dans les personnages de Licia et du peintre Bérain, qui fusionne les deux artistes. L'auteur nous mène de l'escalier de miroirs de la rue Cambon aux salons parisiens bruissant de calomnies, jusqu'à Marseille et au débarquement allié sur la côte des Maures. Et que de passages réussis : les cours de chant du général italien en pyjama, la théorie des moustaches du colonel Pflazen, les leçons de botanique dans la salle de bains décorée par Mucha, le portrait canin du maréchal von Rundstedt ou la mort d'un vieil aristocrate hongrois sur son baldaquin, entouré de tous ses chevaux préférés, dont la crinière et la queue sont ornées de nœuds noirs – ce même comte Taffy emmenait des dames pique-niquer à l'endroit où un boulet de canon lui avait arraché une jambe. Bien des romans perdent leurs pétales au fil du temps mais tel n'est pas le cas d'*Elle, Adrienne*. Ce livre, le meilleur de son auteur, est de toutes les heures de la vie – jeunesse et vieillesse, ville et campagne, voyages. Il tient son rang entre *L'Homme pressé* de Paul Morand et *Les Poneys sauvages* de Michel Déon. À relire sans modération.

« Edmonde Charles-Roux a attrapé habilement le style parlé, familier, d'Aragon et aussi le maniement orchestré des masses (Exode, destruction de Marseille). C'est très viril, avec du souffle, de l'éloquence», note Morand[7], pourtant avare de compliments. Il lui écrit pour lui faire part de ses impressions et elle lui répond – il s'agit de la seule lettre qu'il juge utile de coller dans son *Journal Inutile* :

«À Panarea, le 17 août 1971.

Vous m'avez fait bien plaisir en m'écrivant, cher Ami. Je craignais, bien sûr, que par certains aspects *Elle, Adrienne* ne vous déplaise au point que l'envie vous vienne de fermer le livre avant les chapitres sur la vieille Europe valseuse que vous avez décrite mieux que quiconque. [...] Panarea, d'où je vous écris, n'a toujours pas d'électricité. Et l'eau douce arrive du continent, entendez par là la Sicile – ou n'arrive pas. Ainsi cela fait bien deux semaines que le bateau-citerne n'a pas paru. Il appartient à un "maffioso" qui fait de la surenchère entre les îles et va au plus offrant[8] [...].»

Le 30 octobre 1973, Edmonde, cinquante-trois ans, devient madame Defferre. Leur liaison secrète a duré sept ans, jusqu'à ce que Gaston obtienne le divorce. La clandestinité convenait parfaitement à

Mlle Charles-Roux, qui déteste livrer son intimité en pâture. Elle reste fidèle à sa ligne de conduite et le mariage ne la tente guère, mais elle comprend que Gaston a besoin d'une épouse officielle, son statut l'y oblige, et elle y consent volontiers, désireuse de lui épargner tout tracas supplémentaire. Ils se marient en Avignon, à l'église, dans la plus stricte intimité. Edmonde insiste car elle est catholique et Gaston, dont les deux premières unions ne furent que civiles, accepte – la cérémonie est célébrée par un prêtre et par un pasteur. «Nous avons d'excellentes relations, conflictuelles mais vivantes[9]», expliquait-elle en 2004 à un journaliste qui l'interrogeait sur l'importance de Dieu dans sa vie.

Une fois devenue Mme Defferre, elle s'inscrit au Parti socialiste et s'occupe de la décoration de leur domicile marseillais, en faisant appel à son ami Jacques Grange. «Vous comprenez, cher Jacques, nous ne pouvons vivre que dans une HLM, il ne peut en être autrement[10]...» Entendre «Ashe-Hell-Hem» dans la bouche d'Edmonde. «Il s'agissait tout de même d'un très vaste duplex et lorsque nous arrivions à Marseille, des voitures de police nous attendaient afin de nous amener sans tarder jusqu'aux pieds de ladite HLM, toutes sirènes hurlantes! Chaque minute passée en compagnie d'Edmonde était stimulante et amusante. "Mon petit Jacques, rendez-vous demain au terrain d'aviation à dix heures"! Il s'agissait de l'aéroport d'Orly et nous étions au milieu des années soixante-dix! Elle s'exprimait comme Charles de Noailles qui, jusqu'à sa mort, parlait toujours de mécanicien et non pas de chauffeur[11].» Il y a bien un vocabulaire *edmondien* : elle dit souliers pour chaussures, soporifique pour somnifère, chemin de fer pour train, sergent de ville pour agent de police, remèdes pour médicaments, chandail pour pull, costume de bain pour maillot ou terrain d'aviation pour aéroport...

Avec le mariage prend fin cette solitude à laquelle Edmonde est si attachée. Gaston sait qu'il peut compter sur elle en toutes circonstances, et elle s'adapte à son emploi du temps avec une souplesse qui n'est pas sans lui coûter, de temps à autre. Mais l'harmonie de leur duo est essentielle à ses yeux, et les ajustements font partie de ce pacte. «Personne n'est obligé de se marier. Si on se marie, c'est pour apporter quelque chose. [...] Vous ne pouvez pas vous renfermer et dire : "Je suis désolée, je travaille!" [...] J'ai été obligée de faire tout un travail sur moi, je me suis organisée[12].» D'autant que Defferre est un mari à l'ancienne – il offre sans cesse des bouquets de fleurs à cette épouse qu'il place sur un piédestal et n'aime rien tant que de la retrouver, élégante et spirituelle, à la fin d'une longue journée de travail, et de dîner tête-à-tête. Et toute personne ayant discuté avec Edmonde Charles-Roux comprend aisément que l'oreille est aussi une zone érogène. Il va sans dire qu'il n'est pas question entre eux de «couple ouvert», de tolérance amoureuse, de permissions d'absence du cœur. Après avoir été irréductiblement célibataire, Edmonde, qui avait toujours refusé d'être le Tout d'un seul homme, apprend à installer l'amour dans la durée. Elle renonce à son passé libertin pour se consacrer à lui. L'on pense au défi lancé par Catherine dans *Jules et Jim* : «Attrapez-moi!» Defferre fut le seul à le relever.

Avec Gaston, Edmonde entre dans un nouveau cycle d'évolution. À ses côtés, elle est autant Première Dame que ministre de la Culture. Sa contribution en ce domaine est de premier ordre et l'on ne compte plus les projets montés grâce à elle, comme cette très belle exposition *L'Orient des Provençaux*, restée dans les mémoires. C'est Edmonde qui offre à ses amis Roland Petit et Zizi Jeanmaire la possibilité de créer le Ballet national de Marseille ; ils s'installent près du Vieux-Port et font de leur troupe l'une des grandes compagnies européennes. Elle collabore étroitement avec eux en leur écrivant des livrets de ballets, *Le Guépard* ou *Nana*. C'est également elle qui leur donne l'idée du spectacle *Java for Ever*, idéal pour mettre en scène la gouaille chic de Zizi. En mai 1981, les Defferre inaugurent ensemble le théâtre de La Criée, qui fait partie de l'ancien marché au poisson. Ils en confient la programmation à Marcel Maréchal avec le succès que l'on connaît. Les Marseillais, mais aussi des Parisiens descendus pour l'occasion, y découvrent ses mises en scène de Brecht, Shakespeare ou Jouhandeau. Gaston est ébloui par cette épouse qui peut d'un simple coup de téléphone faire venir les plus grands artistes et écrivains. Il n'oubliera jamais un dîner au cours duquel Marguerite Yourcenar lui récita un poème de Cavafy. Enfin, notons qu'à la mort de son amie Lily Pastré, en 1974, la ville rachète la Villa Provençale : Edmonde la fait restaurer et la redécore en personne afin d'y recevoir les invités de marque de son mari. Le poinçon Charles-Roux, encore et toujours.

C'est également Edmonde qui, en 1972, lui présente Jean Genet, qu'elle connaît depuis ses années *Vogue*. «Personne n'était plus loin de son image officielle, l'écrivain tragique et maudit, l'auteur des *Bonnes* et de *Querelle de Brest*. Il était délicat, vulnérable, d'une sensibilité extrême, tout le heurtait. Nous nous adorions, je le lui montrais car il avait besoin d'être rassuré en permanence. Il aimait bien l'idée d'une amitié avec une femme qui n'attendait rien de lui. Il m'écrivait des lettres ravissantes et me faisait beaucoup rire. Un jour, il m'attend en bas car nous allons au théâtre et je lui dis : "Jean, c'est formidable, nous avons un nouveau pape." "Qui est-ce ?" "Pie VI." "Avec celui-là, on est tranquilles, il n'a absolument pas la foi !" J'adore les *practical jokes*, et une autre fois, il me téléphone et me dit : "Edmonde, je viens de toucher de l'argent et je veux vous inviter à la Tour d'Argent." "Jean, c'est absolument impossible, je refuse, cela va vous coûter une fortune !" Il insiste, vient me prendre en taxi et m'emmène à... la Tour d'Argent de la Bastille, un petit restaurant modeste, dans l'esprit d'un routier. Il était aux anges et nous avons dîné à la bonne franquette. Jean m'a fait aussi un coup effrayant. Un soir, nous allons ensemble à l'Alhambra voir des ballets de Chine communiste. Nous arrivons, Jean avec son blouson de cuir. Je comprends tout de suite notre

173

malheur car les gens étaient en habit de soirée et nous étions placés au premier rang. Éclate *La Marseillaise*, tout le monde se lève, sauf lui. "Jean, levez-vous!" "Non!" "Jean, je suis une bourgeoise qui n'admet pas que l'on reste assis pendant que l'on joue *La Marseillaise*, je vous en prie..." "Non!" Commence alors l'hymne communiste et voilà mon Jean qui se lève. "Qu'est-ce que vous faites?" "Mais c'est l'hymne chinois!" Il était irrésistible de drôlerie et d'intelligence. Un amour, un amour. C'est merveilleux, un homme qui appelle un voleur *Notre-Dame-des-Fleurs*[13]!»

Defferre et Genet s'entendent parfaitement, leur complicité est immédiate. «Gaston lui a demandé de regarder ses interventions à la télévision et de l'aider à s'améliorer. Personne n'avait encore l'habitude de ces performances télévisées et les socialistes étaient aussi peu efficaces que les autres. Jean avait la clef de mon appartement et il venait ici pour le voir. Puis, avant de partir, il lui laissait une note: "Vous avez été très mauvais, comme toujours!" Grâce aux suggestions de Jean, homme de théâtre, Gaston a progressé. "Il faut voir les plateaux de télé comme des rings de boxe, cognez, n'hésitez pas." C'est le meilleur conseil qu'on lui ait jamais donné, personne dans son entourage professionnel ne lui parlait ainsi. Dès lors, Gaston s'est senti très à l'aise avec les médias[14].»

Les Defferre ont des emplois du temps acrobatiques. Gaston se partage entre la mairie, *Le Provençal* et ses activités au Parti socialiste. Edmonde écrit et gère leur vie quotidienne, entre Paris et Marseille. Elle a foi en lui et l'épaule inconditionnellement. Son esprit s'ajuste à n'importe quelle situation, elle n'est que patience, soutien, organisation. Il peut se reposer sur elle en toutes circonstances. Elle est son talisman, sa table d'harmonie, l'antidote à tous les poisons. Leur couple privilégie l'effort, la volonté, la difficulté, rejetant tout laisser-aller, intellectuel et physique. Une existence à deux fondée sur la confiance et la connivence. Ils reçoivent beaucoup – de Senghor à Melina Mercouri – et voyagent souvent. En 1974, ils accompagnent François Mitterrand à Cuba, où ils rencontrent Fidel Castro et en 1975, ils font partie d'une délégation socialiste accueillie à Moscou par Leonid Brejnev. Lors d'un séjour ultérieur à Odessa, Edmonde souhaite rencontrer la femme et la fille de Leonid Pliouchtch, le célèbre mathématicien et dissident. Il a été enfermé dans un asile psychiatrique pour avoir milité en faveur des droits de l'homme et elle veut apporter soutien et réconfort à sa famille mais sa requête est refusée par le gouvernement soviétique. Connue pour ses amitiés avec des communistes, Edmonde n'en est pas pour autant aveugle.

En 1974, la toute nouvelle Mme Defferre publie *L'Irrégulière*, la biographie de référence, encore à ce jour, consacrée à Coco Chanel. Le texte, très fouillé, retrace la trajectoire improbable et romanesque de cette fille de camelot auvergnat qui, après avoir été élevée dans un orphelinat, devient demi-mondaine puis génie de la mode. Le public découvre pour la première fois ce que la couturière avait passé une vie entière à cacher derrière un rideau de mensonges : naissance hors mariage, pauvreté, père volage et irresponsable, mère tuée par des grossesses à répétition mais aussi par la tuberculose et par un dur labeur alors que la petite Gabrielle n'a que douze ans – elle est aussitôt placée dans un orphelinat. Edmonde ausculte dans toutes ses contradictions une Coco mythomane qui refuse son passé de café-concert et de femme à officiers pour ne privilégier que sa gloire de grand couturier. Elle souligne la dureté et la générosité du personnage, tout à la fois créatrice d'un empire commercial et mécène de nombreux artistes. Un portrait intense et lucide, mais peu attachant, d'un être prêt à tout pour arriver à ses fins.

Une fois le volume refermé, le lecteur constate que les faiblesses de Chanel l'ont emporté sur ses mérites. Edmonde ne lui accorde aucune indulgence, elle se montre plus procureur qu'avocate. Elle a été bien plus compatissante et compréhensive avec don Juan d'Autriche et le sera de nouveau à l'égard d'Isabelle Eberhardt. «Vous avez réussi où elle eût échoué ; la voici fixée à jamais par une plume sévère, par un œil sans tendresse ; elle eût compris, sinon aimé cela[15]», lui écrit Paul Morand en une phrase qui résume l'esprit du livre. *L'Irrégulière* connaît un immense succès dans les pays francophones et anglophones, une fois traduit, et Edmonde est alors l'un des auteurs les plus invités à la télévision et à la radio. Frustrée de n'avoir pu utiliser les nombreux documents photographiques collectés au cours de sa longue et minutieuse enquête, elle publie, en 1979, un bel album, *Le Temps Chanel*, très vite épuisé et réédité. Cette femme, à qui elle a consacré trois ouvrages, est omniprésente dans sa vie, à travers un objet qui ne la quitte jamais : «Une médaille représentant saint Christophe que m'a offerte Chanel. Elle est posée sur ma table de nuit et m'accompagne lorsque je pars en voyage[16]. »

Entre Marseille et Paris, elle mène ses différentes vies avec brio : écrivain, épouse, hôtesse, découvreuse de talents pour la cité phocéenne. Si elle est Edmonde Defferre, son mari est également Gaston Charles-Roux car ils sont aussi charismatiques l'un que l'autre, sans disproportion de stature. À Marseille, ils sont en quelque sorte les Médicis de la Méditerranée.

# X

Pour François de Sales, les bonnes manières sont le début de la sainteté. Pour Lao-Tseu, susciter l'envie chez autrui est un très grand crime. Edmonde, toujours d'une courtoisie irréprochable mais source de bien des jalousies, est donc à la fois une sainte et une criminelle, et plus que jamais lorsque Gaston est nommé ministre de l'Intérieur de François Mitterrand, en mai 1981. Célèbre pour ses liens avec le milieu marseillais, Defferre, qui reste maire, est alors brocardé par les humoristes. «Pour s'occuper du grand banditisme, il valait mieux un spécialiste!» ironise Thierry Le Luron à propos de son arrivée Place Beauvau – la remarque est reprise un peu partout, dans les journaux et à la radio. Et ne rebaptise-t-on pas la prison des Baumettes «la mairie annexe»? Le célèbre sang-froid d'Edmonde n'a jamais été aussi bienvenu. Dame Defferre est bien une Dame de fer, la formule est usée mais juste. Comme toujours, elle fait *bella figura*, sans rien laisser paraître de ses sentiments les plus intimes et s'active, en coulisses, pour protéger son époux des quolibets et des moqueries. Il s'agit d'un mariage des quatre saisons, émaillé de combats livrés à deux, d'un amour sans menottes, sans mépris ou pitié, sans impayés et sans jeûne, sans temps perdu. Ils s'admirent, s'épaulent, se mettent en valeur, se donnent mutuellement force et compétences, pleins d'égards réciproques. À Paris comme à Marseille, ils forment autant un duo qu'une attraction car, au début des années quatre-vingt, les couples légendaires se font bien rares et il est vrai que lorsqu'elle reçoit Place Beauvau, Mme Defferre, alors sexagénaire, a fière allure – «Edmonde, superbe dans un ensemble noir à col bouillonné, une petite fraise très Clouet. Entre Catherine de Médicis et Mary Stuart[1]», note Matthieu Galey dans son journal. Tous les témoins s'accordent à dire qu'il suffit à Gaston de poser les yeux sur elle pour se sentir aussitôt requinqué.

François Mitterrand lui avait d'abord proposé le poste de Premier ministre mais Defferre, qui a soixante et onze ans, se sent trop âgé pour assumer une telle responsabilité et il préfère Beauvau, comme l'on dit. Gaston sera donc ministre de l'Intérieur et de la Décentralisation de mai 1981 à juillet 1984, autant dire le numéro deux du gouvernement. La confiance que lui manifeste le Président est le fruit d'une association longue et solide, elle récompense un homme qui le soutient depuis longtemps. «Nous étions très liés. Il venait à la campagne, on bavardait et marchait. Enfin, eux marchaient. Moi, j'étais aux casseroles[2]», racontait Edmonde en 1998 à propos des week-ends en Normandie avec Mitterrand, dès la fin des années soixante, alors qu'elle n'est pas encore mariée à Gaston. Defferre et Mitterrand incarnent à eux seuls les grandes dates du socialisme : congrès de Vichy (avril 1964), «comité des dix-sept» (juin 1965), congrès d'Épinay (juin 1971), campagnes présidentielles de 1974 et de 1981, congrès de Pau (janvier-février 1975), de Nantes (juin 1977), de Metz (avril 1979) et de Créteil (janvier 1981)... Autant dire les tables de la loi du socialisme français. Certes, les relations entre les deux hommes ont connu quelques tensions et désaccords, inévitables à un tel niveau entre des personnalités aussi puissamment dessinées, mais l'entente et l'amitié ont toujours fini par l'em-

181

porter. Edmonde est aux côtés de Gaston en toutes circonstances, son image de femme de gauche est alors très identifiée par le public et les médias. Un 14 juillet à l'Élysée, le général de Gaulle, qui connaît ses choix politiques mais a aimé *Oublier Palerme*, lui dit en riant : «Madame, vous votez mal, mais vous écrivez bien!» Mitterrand les apprécie beaucoup, il aime les fréquenter, à Paris et en déplacement. «Edmonde et Defferre, grands féodaux voisins venus accueillir le suzerain[3]», note Matthieu Galey, qui a compris la dynamique du trio, à propos d'une soirée en Avignon.

Place Beauvau, Defferre est en charge de la décentralisation – une nouvelle loi-cadre portera son nom –, l'un des grands chantiers du gouvernement Mitterrand. Mais il s'occupe aussi de la police et de la sécurité du territoire. L'époque est dramatique et des attentats, liés aux conflits qui déchirent le Proche-Orient, se succèdent – rue des Rosiers ou à l'aéroport d'Orly, pour ne citer que deux exemples restés dans toutes les mémoires. Sans oublier les actions des indépendantistes basques et corses. Il travaille du matin au soir dans un climat de nervosité et de tension extrêmes. «Il était resté un homme de la IVe République. Il était persuadé que la moitié des policiers étaient des briseurs de grèves alliés au grand patronat et que l'autre moitié passait son temps à monter des complots. Nous avons vécu, sous son ministère, dans une atmosphère de paranoïa difficilement imaginable aujourd'hui[4] », témoigne Yves Bertrand, alors patron des Renseignements généraux. À Edmonde de transformer chaque soir les tourments de la journée en sérénité. Gaston est plus calme lorsqu'il occupe, de juillet 1984 à mars 1986, un poste bien moins important, celui de ministre d'État chargé du Plan et de l'Aménagement du territoire. Mais son emploi du temps reste très dense : il passe trois jours par semaine à Marseille et peut, à Paris, participer activement à des réunions de travail jusqu'à quatre heures du matin, tout en étant à son bureau dès neuf heures. Dès qu'il le peut, il s'évade avec son épouse à bord de leur voilier, ne serait-ce qu'un après-midi.

Depuis *L'Irrégulière*, en 1974, Edmonde n'a publié que deux albums, l'un consacré à la Provence en 1978[5] et le second à Chanel, un an plus tard. En 1981, sort chez Grasset *Une Enfance sicilienne*, les souvenirs de son ami Fulco di Verdura, décédé en 1978. Elle traduit le texte de l'anglais, l'adapte parfois et signe une postface expliquant la trajectoire et la personnalité du célèbre

joaillier, qui fut son ami à New York et surtout à
Panarea. Le livre est un délice et Edmonde, qui
porte un amour si profond et inconditionnel à
la Sicile, la personne idéale pour faire découvrir
cet univers révolu. Cousin de Lampedusa, l'auteur du *Guépard*, Verdura n'aborde que sa prime
jeunesse, de 1904 à 1913, et le lecteur est charmé
par ce monde finissant de palais et de jardins luxu-
riants, où chaque description apporte de nouvelles
nuances : processions religieuses, codes des loges
du Teatro Massimo, cérémonial de la sonnette,
nonnes-pâtissières, arrivée d'un chameau dans la
demeure familiale… Seul bémol, les amis du joaillier et certains observateurs parisiens pensent que,
sur la couverture, «d'après Fulco di Verdura» est
bien trop petit face au «Edmonde Charles-Roux»,
qui domine l'ensemble, mais en France, son nom
est beaucoup plus vendeur que le premier, tota-
lement inconnu. À la même époque, Edmonde
travaille déjà avec une rigueur spartiate à ce qui
sera l'œuvre la plus ambitieuse et la plus longue de
sa carrière, une biographie en deux tomes d'Isabelle Eberhardt. Dès que cela lui est possible, elle
s'isole dans la propriété que les Defferre possèdent
dans les environs d'Aix, face à la montagne Sainte-
Victoire. «Ma ferme», dit-elle volontiers… Ladite

ferme possède une tour vitrée où elle s'installe pour
écrire et Edmonde est alors une manière de Vita
Sackville-West dans sa tour de Sissinghurst. Son
décor? Tableaux de Derain et peintres orienta-
listes, toiles *Perse* – ou «indiennes de Marseille» –
et théière en argent à cinq heures – elle ne dit
jamais dix-sept heures, bien sûr. Le plein exercice
de son for intérieur passe depuis toujours par un
fort extérieur : après la Normandie et Panarea, la
Provence. «J'avais une ferme en Provence, au pied
de la montagne Sainte-Victoire...» Lorsque cette
dernière, si souvent peinte par Cézanne, prend
feu, en août 1989, et que cinq mille hectares dispa-
raissent en fumée, Edmonde s'écrie : «On m'a volé
mon paysage!» La réplique fait le tour de Paris.

Isabelle Eberhardt est un personnage par
essence *edmondien*, bien plus encore que don Juan
d'Autriche et Coco Chanel, c'est dire. Fille bâtarde
d'une aristocrate russe et d'un précepteur, lui-
même fils de serf, elle est la parfaite aventurière, la
marginalité incarnée. Ne s'habillant qu'en homme,
avec une prédilection pour la tenue des marins
français ou le complet veston accompagné d'un
fez, elle se convertit à l'islam, s'exile en Algérie,
épouse Slimane Ehnni, qui passe pour être un
espion, échappe à une tentative de meurtre orches-

trée par une confrérie soufie, devient reporter de guerre avant de mourir noyée, à vingt-sept ans. Il existe un contraste saisissant entre la vie équilibrée et régulière de l'auteur et le choix des êtres à qui elle consacre des livres.

Edmonde, qui comprend ses fêlures et ses forces avec une empathie qu'elle n'a pas manifestée à l'égard d'une Coco Chanel, la suit de Genève au fin fond du Sahara, édentée et droguée jusqu'à la moelle, tout en faisant revivre une galerie de personnages pittoresques : la voyageuse et romancière Lydia Pachkov, la propagandiste et révolutionnaire Sophia Leschern von Gertzfeldt, Pierre Kropotkine – «le prince anarchiste»-, l'honorable Jane Digby ou le colonel de Villebois-Mareuil, dont Edmond Rostand s'inspire pour créer le personnage de Cyrano de Bergerac. Et elle ne manque pas de rendre hommage au talent d'Isabelle – on sent à quel point elle admire ses carnets de voyage, sa correspondance et ses *journaliers*. Edmonde met sept ans à écrire le premier tome, *Un désir d'Orient*, et Gaston est le seul à lire, chaque soir, sa production du jour. Leur ami Charles Hernu met à sa disposition des archives militaires inédites, elle se rend dans des bibliothèques tunisiennes et, en 1982, au musée de l'Armée de Saint-Pétersbourg.

Elle peut également s'appuyer sur le travail d'universitaires, spécialistes du sujet, et sur son amie la libraire et éditrice marseillaise Jeanne Laffitte, qui l'épaule dans certaines recherches. Publié en 1989, *Un désir d'Orient* se vend à cent cinquante mille exemplaires. Mais la vie littéraire d'Edmonde ne se résume pas à l'écriture puisque, le 13 septembre 1983, elle est élue à l'académie Goncourt, au deuxième couvert, qui fut celui de Huysmans, de Jules Renard ou de Sacha Guitry. Matthieu Galey la décrit ainsi, en 1984, chez Drouant, le quartier général des membres du jury : «L'altière Edmonde, très élégante, avec un corsage de dentelle noire, socialiste "valoisienne", plus cousine des Médicis que du militant de base. Le fauteuil où elle se pose devient trône, et elle paraît de nature si princière que les gens ne la saluent pas comme une autre; tout en courbettes et en simagrées. À peine s'ils n'esquissent pas une révérence[6].» À soixante-trois ans, Edmonde est plus que jamais occupée, sollicitée : elle veille sur Gaston et organise leur vie sociale et culturelle entre Paris et le sud de la France, écrit un nouveau livre et participe avec passion et curiosité aux activités de l'académie Goncourt.

Les Defferre, aigle à deux têtes, peuvent aussi devenir un duo composé d'un frelon et d'une guêpe, dont les condamnations deviennent des fatwas. Un peloton d'exécution n'est rien en comparaison et l'avocat Michel Pezet, un temps dauphin du maire-ministre, est peut-être leur victime la plus célèbre. Élu en 1974 au conseil général grâce à Gaston, il rejoint le conseil municipal de Marseille en 1977 et est alors très apprécié du couple, séduit par son intelligence et sa grande culture. Pezet devient une manière de chevalier servant pour Edmonde, l'accompagnant au théâtre ou au ballet, et Gaston lui confie une lourde charge, prendre la tête de la Fédération socialiste des Bouches-du-Rhône. Jusque-là, la relation du trio ressemble au ciel dans une toile de Tiepolo. Mais Pezet, qui dirige le conseil général à partir de 1981, s'émancipe de la tutelle defferienne en voulant mettre fin au clientélisme si cher à Gaston et bien peu démocratique à ses yeux. Gaston comprend aussi que le petit jeune n'a qu'une envie, prendre sa place à la tête de la ville, ce qui, après tout, s'inscrit dans un renouvellement logique des générations. La guerre est déclarée entre le vieux lion et son ancien protégé, devenu également secrétaire national du PS. Edmonde lui tourne le dos et n'a pas de mots assez durs pour ternir sa réputation, il rejoint la liste de ceux qu'elle exile en plein cercle arctique, aux côtés de Roger Peyrefitte, qui s'en était pris à son père dans deux de ses livres, et de Jacques Chazot, qui l'avait caricaturée en Marie-Chantal. Chaque clan bataille pour obtenir le maximum de soutiens, defferistes et pezétistes en viennent aux mains lors de meetings. Gaston s'en prend avec férocité à son adversaire dans les médias en le résumant à un «petit... petit... très petit problème[7]». La vie politique à Marseille vire à la corrida.

Le conflit atteint son point culminant le 5 mai 1986 au soir, lors d'une réunion du comité directeur de la fédération des Bouches-du-Rhône du Parti socialiste. Pezet met Gaston, qui n'est plus ministre, en minorité pour l'élection d'un nouveau premier secrétaire général. Très ébranlé par cette cuisante défaite, Defferre, une fois chez lui, à presque une heure du matin, le 6 mai, téléphone à Edmonde, retenue à Paris par une réunion du Goncourt. Quarante minutes plus tard, il a un malaise, fait une chute, s'ouvre le crâne et se vide de son sang. Il parvient à joindre son médecin mais ce dernier trouve porte close, personne ne répond à ses appels répétés et les secours arrivent trop tard. Transporté encore en vie à l'hôpital de la Timone, il meurt le 7 mai à 11h15, Edmonde

à son chevet. François Mitterrand, arrivé en héli-
coptère, rend hommage à son vieil ami et compagnon de route. «Il regagne aussitôt sa voiture, sans
faire de déclaration. Edmonde Charles-Roux lui
glisse quelques mots à l'oreille et le président de la
République la fait monter près de lui», écrit Gérard
Unger. «Il semble que celle qui est maintenant la
veuve de Gaston Defferre ait alors fait part au chef
de l'État de sa volonté d'empêcher Michel Pezet
d'accéder au fauteuil de maire. La suite va montrer
qu'elle a été entendue[8].» Ce qu'Edmonde veut…
Michel Pezet ne réalisa jamais son rêve de devenir
maire de Marseille. Interrogée par *Le Monde*, le
13 mai 1986, sur le choix du successeur de son
mari, elle déclare : «La conclusion que je tire des
événements en tant qu'écrivain, c'est que rien n'est
plus dangereux que les apprentis sorciers en politique.» Inutile de citer le moindre nom, chacun sait
à qui la Dame de fer fait allusion. C'est Robert
Vigouroux, autre proche du couple, qui devient
maire de la cité phocéenne.

Edmonde, qui vient de perdre l'homme de sa
vie, est alors très entourée par sa sœur et son frère.
«Ils avaient tellement d'esprit tous les trois, on
sentait que le rire était un lien indestructible entre
eux», se souvient leur amie Simonetta Colonna

di Cesaro. «Les Romains sont célèbres pour leur humour féroce et Cyprienne, bien que française, nous battait tous à ce petit jeu-là. J'ai vu Edmonde pleurer de rire en l'écoutant[9].» Quant à Jean-Marie, on ne peut imaginer plus divertissant. Lorsqu'on le félicite sur l'élégance et la coupe parfaite de ses soutanes, ne lance-t-il pas, d'une voix théâtrale : «La costumière de Covent Garden!» Tous ceux qui l'approchent sont amusés par son excentricité. «Très affecté et maniéré, il m'évoquait une vieille dame», se souvient l'écrivain britannique Philip Mansel. «D'extrême droite, il détestait de Gaulle et était obsédé par Marie-Antoinette. Il faisait penser à un personnage de Ronald Firbank ou d'Evelyn Waugh. Sa mémoire était extraordinaire et il racontait des histoires fascinantes sur leur passé[10].» Jean-Marie – qui porte toutes ses médailles autour du cou, liées par un cordon de velours noir – fera parler une dernière fois de lui lorsqu'il deviendra le chapelain attitré de l'acteur et réalisateur Mel Gibson, qui tourne alors un film sur le Christ à Rome. Chaque matin, à Cinecittà, il célèbre pour lui une messe en latin, la messe dite tridentine. Cyprienne partage les mêmes choix politiques que son frère mais cela ne chagrine nullement leur sœur. Sa vie durant, elle ne se laissera jamais perturber par des différences idéologiques, aimant passer du temps avec sa fratrie, mais aussi en compagnie de personnalités connues pour être très à droite. Citons seulement Coco Chanel, Paul Morand, Kléber Haedens ou Diana Mosley. Cette dernière, alors mariée à l'ancien chef des fascistes anglais, n'était autre que l'une des célèbres Mitford et elle reçut avec le plus grand plaisir Edmonde au Temple de la Gloire, sa demeure d'Orsay. Il est amusant de penser à une complicité entre ces deux femmes, tant les liens entre sœurs Mitford et Charles-Roux sont évidents. Certains amis socialistes d'Edmonde ne comprennent pas ses choix, qui leur semblent des contradictions incohérentes mais Edmonde n'en a cure. Elle a, dès sa jeunesse, inventé un code de la route réservé à son seul usage.

Commence alors une vie sans Gaston. Edmonde, qui approche des soixante-dix ans, fait preuve de courage et de pudeur, l'esprit de geignardise lui est étranger. Veuve, certes, mais ni fontaine de larmes ni fruit sec. Plus que jamais elle travaille, voyage, bataille, s'occupant aussi bien des anciens légionnaires en situation de précarité que des auteurs à qui elle souhaite voir décerner le Goncourt. En un mot, elle reste intensément vivante. Si sa famille est très présente à ses côtés, elle sait également pouvoir compter sur ses amis. La bande d'Edmonde... La littérature s'y mêle à la politique et à la mode en une galaxie d'étoiles. François Nourissier, Zizi Jeanmaire et Roland Petit, Monique et Jack Lang, Jean Genet, Balthus, Jacques Grange, Yves Saint Laurent et Pierre Bergé. Elle connaît ces derniers depuis les années cinquante et leur est très attachée. Edmonde, qui s'habille en Saint Laurent surtout le soir, apprécie infiniment les deux hommes. «Elle n'a cessé d'entretenir des rapports étroits avec la création et la politique et en cela elle me rappelle une autre femme, provençale comme elle, écrivain, poète, qui en son temps, à Marseille précisément, défendit les droits des femmes, connut tous les artistes de son temps. Oui, Edmonde me fait penser à Louise Colet qui quitta son village de Mouriès pour aller à Paris, rencontra Flaubert, Chateaubriand, Vigny, Musset, Hugo et déroba la gloire[11]», commente Pierre Bergé.

Dans la presse et aux yeux du public, Edmonde est indissociablement liée au concept de «gauche caviar». Elle est l'amie de tous les «peuples» opprimés – femmes, immigrés, juifs, gays – et part en croisade pour les défendre mais vit dans un univers très protégé. Beaucoup se demandent

comment elle parvient à concilier luxe, capita-
lisme et haute couture avec justice sociale, défense
de tous les persécutés et bonheur du plus grand
nombre. L'odeur réelle de l'égalité et de sa promiscuité lui parvint-elle jamais vraiment jusqu'aux
narines ? L'on pense au *Sermon du mauvais riche*
de Bossuet. Chaque détail excite la verve de ses
détracteurs. Sa secrétaire particulière, Paule de
Broglie, est princesse mais elle ne jure que par
la fête de l'Huma. «Que l'endroit ait désormais
un sol en dur est une bonne chose, circuler était
souvent une sacrée histoire. J'ai connu des déluges
effarants. Une fois, j'ai même perdu une chaus-
sure dans la boue. Les gens se confectionnaient
des bottes avec des sacs en plastique», racontait-
elle en 1999. «Au pavillon des Amis de *l'Humanité*, nous invitons à un "apéro-accordéon"... Vous
en recevez souvent des invitations de ce genre[12] ?»
Laurent Joffrin, actuel directeur de *Libération*, parle
d'une gauche «qui se donne bonne conscience
sans rien risquer, [...] qui dit ce qu'il faut faire
mais ne fait pas ce qu'elle dit. [...] Une gauche
qui aime le peuple mais se garde bien de partager
son sort[13].» Il souligne «l'écart entre son confort et
ses idées[14]» et parle d'«oxymore : une expression
qui réunit, pour produire un effet rhétorique, deux

Elle, Edmonde

termes incompatibles, comme l'"obscure clarté"
ou "les soldats de la paix[15]"». Interrogée sur la
question, la principale intéressée ne se laisse nullement démonter : «L'essentiel, c'est la gauche. Si le
caviar vient avec, tant mieux! Cela veut dire qu'on
était destiné à vivre à droite et qu'on a le cœur à
gauche[16].»

Le cas Charles-Roux est encore plus complexe
car si Edmonde est toujours prête à se battre pour
ses convictions, qu'il s'agisse de défendre Angela
Davis à un meeting de la Mutualité ou les droits
des femmes au Maghreb, si elle est toujours généreuse de son temps et de sa réputation, elle l'est
moins de son argent et bien des épisodes éclairent
cette défaillance. Matthieu Galey évoque un
déjeuner rue des Saints-Pères au cours duquel
auraient été servis «des biftecks au rabais dans une
argenterie superbe, du Nicolas dans des carafes de
cristal[17]», et le témoignage du peintre colombien
Emma Reyes se passe de commentaire. «Nous
nous connaissions très bien et Edmonde suivait
mon travail, d'une exposition à l'autre. Un jour,
elle me propose de lui créer un ensemble combi-
nant une série d'ex-voto qu'elle venait de rapporter
de Sicile. J'accepte et elle me demande quel sera
mon prix. Sachant qu'elle menait grand train, je

195

lui fais confiance et lui dis de me donner ce qu'elle voudra. Une fois l'œuvre livrée, elle me paye une misère mais je me garde de tout commentaire. Un peu plus tard, elle me téléphone alors que Gaston était en campagne pour la mairie de Marseille. Elle remuait ciel et terre pour lui et lance, de sa célèbre voix : "Emma, ce sont les gens comme toi, les pauvres immigrés du Tiers-Monde, des victimes de naissance, qui doivent voter pour Gaston, contre la droite, le capital et les exploiteurs blancs !" Alors là, mon sang n'a fait qu'un tour et j'ai répondu : "Mais Edmonde, la seule personne qui m'ait jamais exploitée, c'est toi !" J'ai raccroché et elle ne m'a plus jamais adressé la parole[18]. » Refermons cette parenthèse par un dernier exemple. À une voisine, qui s'étonne de la voir passer tous les jours devant un clochard, qui a élu domicile rue des Saints-Pères, sans jamais lui donner une pièce, une Edmonde, interloquée, se donne l'absolution à elle-même en répliquant : « Mais… je lui parle[19] ! » Voilà bien Marie-Chantal battue à plates coutures et coiffée au poteau.

La disparition de Gaston modifie profondément son emploi du temps. Elle n'est plus épouse de ministre et de député-maire, obligée d'honorer de nombreuses obligations, devant chaque jour composer avec tout ce qui peut servir l'ambition de son mari – autant de temps volé à sa carrière littéraire. Enfin libérée des contraintes de représentation, Edmonde peut, l'esprit en paix, se consacrer entièrement à son propre travail ; en l'occurrence, le tome 2 de sa biographie d'Isabelle Eberhardt – *Nomade j'étais* – publié en 1995. L'écriture n'est qu'une suite de recherches, de combats avec soi-même, et Edmonde le sait mieux que quiconque. Elle ne se passe rien. Retirée dans sa ferme, elle ne quitte plus sa tour, sept jours sur sept, jusqu'à minuit. Lorsqu'elle remet le manuscrit à Jean-Claude Fasquelle, son éditeur chez Grasset – maison qu'il dirige –, elle se sent fatiguée, vieillie : sa vue a considérablement décliné et elle ne peut plus s'endormir sans somnifères tant ses rythmes biologiques sont déréglés. Le livre est aussi abouti et érudit que le précédent et l'auteur propose quatre-vingt-dix pages de notes d'une qualité impressionnante, destinées à une nouvelle génération de chercheurs. En 2003, les deux tomes sont réédités en un seul volume de mille cent dix pages. « C'est une plate-forme, une biographie, pour imaginer quelqu'un mieux que ne l'a imaginé l'auteur[20] », résumait Edmonde en 1989. Et l'on peut affirmer, sans emphase et sans flagornerie, que ses portraits de Coco Chanel et d'Isabelle Eberhardt lui font côtoyer les virtuoses de la biographie, toutes nationalités confondues.

Les années quatre-vingt-dix et deux mille sont le temps des hommages. Elle voyage pour présenter son œuvre, traduite en dix-sept langues, Francesco Rosi adapte au cinéma *Oublier Palerme* et Marseille organise, en 1995, une exposition intitulée *Edmonde Charles-Roux : les années Mode*. Olivier Saillard, le jeune conservateur, présente une partie de sa garde-robe, qui prouve à quel point Edmonde a toujours choisi des vêtements bien élevés et entretenu d'aimables relations avec son apparence. Cette sélection rigoureuse de pièces griffées Dior, Chanel, Saint Laurent ou Grès – «un dictateur déguisé en souris[21]», définition très *edmondienne* – souligne à quel point son goût du dépouillement était profond. «J'ai assisté avec elle à un grand bal à Rome, au palais Farnèse», se souvient Anne de Lacretelle. «Au retour, à l'aéroport, nous attendons en discutant lorsque soudain passent deux religieuses avec voiles et capes sur leur longue tunique. "Qu'elles sont élégantes !", s'exclame Edmonde avec enthousiasme. Elle n'avait jusque-là pas fait un seul commentaire sur les tenues portées par les invitées lors de cette fête alors que certaines passaient pour être les femmes les plus chics d'Europe[22].» Cet épisode dit tout de ses priorités en ce domaine, de son goût pour les uniformes, religieux ou militaires. Plus profondément, cette exposition marseillaise prouve que son allure impeccable lui donnait des forces, la rassurait sur son autorité et tenait, tel un mur de verre invisible, les indésirables à distance. Il y a de l'armure et du bouclier dans les robes d'Edmonde.

Son travail d'écrivain ne l'empêche nullement d'assumer ses diverses responsabilités. En plus d'être administratrice associée du *Provençal* devenu *La Provence* – elle écrit également des critiques littéraires pour ce même quotidien –, Edmonde est présidente du conseil d'administration du Festival d'Aix-en-Provence, de la Maison Elsa Triolet-Louis Aragon; et présidente de l'académie Goncourt, de 2002 à 2014 – elle est la première femme à occuper ce poste. Et il ne s'agit pas que de titres prestigieux car elle assiste à tous les comités, remue ciel et terre si besoin est et, dans le cas du Goncourt, elle lit tous les ouvrages sélectionnés, stylo en main, et défend ses choix avec conviction. Sa nomination coïncide avec le centenaire du prix et elle assiste à toutes les commémorations, de Berlin à Glasgow. Ses détracteurs l'accusent volontiers de profiter de son statut pour favoriser sa propre maison d'édition, Grasset, mais cette dernière ne remporte le prix que deux fois entre 2002 et 2014, sous la présidence d'Edmonde. Les chiffres se passent de commentaires et jouent en sa faveur. Le romancier qu'elle a le plus soutenu est incontestablement Andreï Makine, alors qu'elle n'était que simple juré. Il se voit décerner le prix en 1995 pour Le *Testament français*, publié au Mercure de France. «J'ai reçu une lettre de lui aujourd'hui qui se termine par : "Votre soutien amical et constant a fait de moi un écrivain français sans me priver de ma chère Russie"», racontait-elle en mai 1998. «Quand on reçoit ça, [...] on se dit que la vie vaut la peine d'être vécue[23].» Le Goncourt des Lycéens lui est particulièrement cher. «Il faut savoir faire confiance aux jeunes. Fut un temps – je pense au prince de Ligne – où l'on gagnait les batailles à 16 ans», déclarait-elle au *Monde* en 2002[24]. Elle se rend souvent dans les écoles, interroge les élèves, tente de leur communiquer son goût de la lecture et ils sont sous le charme de cette vieille dame en duffle-coat rouge qui, avec ses lunettes, a un air de Ma Dalton, la mère des ennemis de Lucky Luke. Des rappeurs marseillais vont jusqu'à baptiser leur groupe les

*Edmond's* en son honneur. Elle est une marraine amusée et ravie.

Edmonde trouve encore le temps de consacrer un album de photos à Gaston – *L'Homme de Marseille*, publié en 2001, est son dernier livre – et de sillonner les provinces pour défendre son ami Jean-Pierre Chevènement, candidat à la présidentielle en 2001 – elle préside ses comités de soutien. Tout comme Mme de Staël, elle peut affirmer : «Mes opinions politiques sont des noms propres.» Enfin, elle reçoit volontiers biographes, historiens ou journalistes, dès que son témoignage s'inscrit dans leurs recherches. La femme qui les accueille rue des Saints-Pères est alors une fée d'hiver, qui a un point de vue original sur tout. Sa conversation est sertie de surprises et, en l'interrogeant, ils entrent dans un enclos situé hors du temps et des modes, loin de tout ce que le monde extérieur a de bruyant, de laid et de vulgaire. Elle maîtrise l'art d'écrire sa légende et possède une élégance Ancien Régime-gauche caviar que l'époque, en tous points débraillée, considère comme quelque peu affectée. Brillante, incernable, stratégique, elle ne lâche jamais le gouvernail et personne ne peut lui soutirer ce qu'elle souhaite garder secret. Son sens de la réplique et son talent de conteuse sont des atouts mais aussi des armes car elle séduit autant qu'elle inquiète, gare aux fouineurs, elle les débusque au premier coup d'œil. Elle n'a peur de rien et ne s'en laisse pas conter. Si elle accorde une place privilégiée à son passé, elle n'est est pas moins passionnée par le temps présent. Une vieille dame singulière et rare, dont le champ de vision est hors pair. L'écouter, c'est se réchauffer les mains devant un bon feu.

Edmonde fête ses quatre-vingt-dix ans en 2010 et son entourage constate, peu à peu, que découragement et fatigue morale remplacent optimisme et curiosité. «Je la retrouvais régulièrement», se souvient Macha Méril. «En 1989, elle était venue me voir dans ma loge alors que je jouais *La Mouette* à l'Odéon, et en 2006, nous avons fêté les 150 ans de la Bibliothèque Rose avant d'inaugurer ensemble, en 2008, "Les Jardins de Colette" en Corrèze, à dix minutes de Brive-la-Gaillarde, au château de Castel-Novel, qui avait appartenu à Henri de Jouvenel et où Colette avait écrit plusieurs livres. J'avais joué son rôle à la télévision et Edmonde l'avait bien connue. Elle était alors toujours aussi pétillante et vive. Le soir même, nous avons dîné toutes les deux chez mon ami Claude Douce, qui possède une belle demeure dans la région, et elle a été étincelante de charme et d'esprit, comme toujours. Puis j'ai revu Edmonde une dernière fois, environ deux ou trois ans avant sa mort, et elle avait beaucoup changé. Elle était horrifiée par le monde qui se profilait, particulièrement dans l'édition et la politique. Son pessimisme était profond, elle n'était plus la même femme[25]. »

Edmonde est la dernière du clan Charles-Roux : sa mère est morte en 1994, à l'âge de cent quatre ans, suivie par Cyprienne en 2010 et par Jean-Marie, en 2014, à quatre-vingt-dix-neuf ans. Ces disparitions successives la fragilisent car elle trouvait force et réconfort dans l'affection et l'humour de sa fratrie. Les hommages continuent – en 2013, elle devient Grand Officier de la Légion d'honneur pour services rendus à la nation française – mais, se sentant décliner, elle préfère laisser la présidence du Goncourt à son ami Bernard Pivot. Après avoir si longtemps gardé pavillon haut, Edmonde est rattrapée par l'âge et racornie par la vieillesse à la fin de sa très longue vie. Elle perd peu à peu l'esprit et se sent espionnée, la nuit, par des inconnus qui, pense-t-elle, veulent lui enfoncer des couteaux dans le cœur. On doit alors l'hospitaliser. Elle peut compter en toutes circonstances sur le soutien de son premier cercle : Marie

Dabadie, secrétaire du prix Goncourt, son éditeur Jean-Claude Fasquelle, Régis Debray et Jean-Pierre Chevènement, mais aussi son petit-neveu, Marcantonio del Drago qu'elle adore, et qui est à ses côtés lorsqu'elle s'éteint, dans la nuit du 20 au 21 janvier 2016, avant de reposer, à Marseille, aux côtés de Gaston Defferre. Baissons le rideau sur la saga Charles-Roux en compagnie d'un autre de ses complices, François Nourissier : «Rien de plus étranger à Edmonde que le fameux incipit de *La Fêlure* : "Bien entendu, toute vie est un processus de démolition." Sa vie à elle me paraît avoir été une construction constante, acharnée. Il est rare […] que les vies bonifient. Elles s'appauvrissent, se dessèchent. […] Rien de tel chez Edmonde : elle n'a jamais cessé, changeant parfois ses prises, son itinéraire, de poursuivre l'ascension entreprise[26].»

# Le mot de la fin

Mon seul regret est de n'avoir pas passé plus de temps en la compagnie de cette femme que je place entre Karen Blixen et Lou Andreas Salomé dans mon panthéon intime d'héroïnes à fort coefficient d'intensité. Ce portrait est à la fois un album de famille, un carnet de santé – mentale et physique –, un trousseau de clefs, une étude d'états d'âme, un jeu de marelle, un exercice d'admiration mais aussi un dépôt de bilan. Le fait d'être le premier à consacrer un livre à Edmonde m'a offert un bel optimisme car je n'étais pas obsédé par ce que les autres avaient écrit sur elle avant moi. Depuis plus de vingt ans, je questionne l'identité féminine tout en explorant un certain XX$^e$ siècle, qui commence par la fin des Romanov et passe par le Kenya des années vingt, le Paris des années trente, le Londres de l'après-guerre et l'Italie des années soixante. En

cette époque désenchantée et critique, soupçon-
neuse jusqu'à la caricature, j'espère que ce volume
deviendra l'ami de ses lecteurs.

« Quand on lit une biographie, on la compare
beaucoup à sa propre vie[1] », résumait Virginia
Woolf dans son journal, le 2 septembre 1929. À
méditer.

ANNEXES

# Notes

**Avant-Propos**
1. Extrait de mon journal, en date du vendredi 28 novembre 2008.

**Chapitre I**
1. *Lettres de madame de Sévigné*, Éd. Firmin-Didot, 1867, tome 2, p. 92 et tome 1, p. 257.
2. Alain de Botton, *Comment Proust peut changer votre vie*, Denoël-Pocket, 1998, p. 116.
3. Edmonde Charles-Roux, *Un désir D'Orient*, Grasset-Le Livre de Poche, 1991, p. 269.
4. Edmonde Charles-Roux, *Elle, Adrienne*, Grasset-Le Livre de Poche, 1973, p. 96.
5. *Idem*, p. 105.
6. Catalogue *Festival d'Aix-en-Provence 1948-2008*, Actes Sud, 2008, p. 23.
7. *Paris Match*, 9 août 2001.
8. Jean-Marie Charles-Roux, *Le Balcon sur la nuit ou Les lettres d'une vie*, La Pensée universelle, 1979, p. 155.
9. *Paris Match*, 9 août 2001.

10. François Charles-Roux, *Une grande ambassade à Rome*, Arthème Fayard, 1961, p. 175.
11. *Idem*, p. 268.
12. *Figaro Magazine*, 25 septembre 2004.
13. Cristina De Stefano, *Belinda et le monstre*, Éd. du Rocher, 2006, p. 27.
14. Comtesse de Ségur, *Les Vacances*, 1859. Première phrase du douzième et dernier chapitre.
15. Beaucoup de ministres plénipotentiaires sont nommés à des fonctions d'ambassadeur. Ils sont dits ambassadeur extraordinaire et plénipotentiaire de la République française et non ambassadeur de France.
16. *Paris Match*, 9 août 2001.
17. Entretien de l'auteur avec Edmonde Charles-Roux, 28 novembre 2008.
18. Edmonde Charles-Roux, *Elle, Adrienne*, *op. cit.*, p. 78-79.
19. *Le Balcon sur la nuit*, *op. cit.*, p. 76.

**Chapitre II**
1. Curzio Malaparte, *Kaputt*, Denoël-Folio, p. 342.
2. Louis de Rouvroy de Saint-Simon, *Mémoires*, Delloye, 1840-41, tome 3, p. 163.
3. *Figaro Magazine*, 31 mai 2003.
4. Jean-Marie Charles-Roux, *Le Balcon sur la nuit*, *op. cit.*, p. 107.
5. Comte Kessler, *Cahiers 1918-1937*, Grasset, 2011, p. 254.
6. *Idem*, p. 394.
7. Témoignage d'Edmonde Charles-Roux dans *Gabrielle*

*Chanel La permanence d'un style,* documentaire de Gilles Nadeau.

8. François Michel, *Par cœur,* Grasset, 1985, p. 68.
9. Virginia Woolf, *Journal intégral,* Stock, 2008, p. 1222. 27 novembre 1936.
10. Harold Acton, *Mémoires d'un esthète,* Julliard, 1991, p. 426.
11. Jean-Marie Charles-Roux, *Le Balcon sur la nuit, op. cit.,* p. 30.
12. *Idem,* p. 72.
13. *Idem.*
14. *Idem,* p. 73.
15. *Idem,* p. 75.
16. *Idem,* p. 82.

**Chapitre III**
1. *Kaputt, op. cit.,* p. 343.
2. *Idem.*
3. *Idem,* p. 431.
4. François Charles-Roux, *Huit ans au Vatican 1932-1940,* Flammarion, 1947, p. 243.
5. Laure Kressmann, *Lily Pastré La bonne-mère des artistes,* Gussen, 2014, p. 96.
6. Léon Tolstoï, *Guerre et Paix,* Le Livre de Poche, 1972, tome 1, p. 73.
7. Roger Peyrefitte, *La Fin des ambassades,* Flammarion, 1953, p. 100.
8. *Idem,* p. 176.
9. François Charles-Roux, *Cinq mois tragiques aux Affaires étrangères (21 mai-1er novembre 1940),* Plon, 1949, p. 314.

10. Entretien de l'auteur avec Simonetta Colonna di Cesaro, 6 octobre 1997.
11. *Cinq mois tragiques...*, *op. cit.*, p. 374.
12. *Lily Pastré La bonne-mère des artistes*, *op. cit.*, p. 128.
13. Catalogue *Edmonde Charles-Roux : les années mode*, Musées de Marseille, 1995, p. 29.
14. Francs-Tireurs et Partisans-Main d'Œuvre Immigrée.
15. Entretien de l'auteur avec Edmonde Charles-Roux, 28 novembre 2008.
16. Jean-Marie Charles-Roux, *Le Balcon sur la nuit*, *op. cit.*, p. 312.
17. *Idem.*
18. Edmonde Charles-Roux, *Elle, Adrienne*, *op. cit.*, p. 532-533.
19. *Paris Match*, 9 août 2001.
20. Carolyn Burke, *Lee Miller*, Autrement, 2007, p. 318.
21. *Paris Match*, 7-11 décembre 2011.

**Chapitre IV**
1. *Guerre et Paix*, *op. cit.*, p. 4.
2. Album *Vingt-cinq ans d'élégance à Paris 1925-1950*, Éd. Pierre Tisné, 1951, p. 90.
3. Entretien de l'auteur avec Bernard Minoret, 15 mars 2006.
4. *Paris Match*, 9 août 2001.
5. Jean Galtier-Boissière, *Mon Journal pendant l'Occupation*, Libretto, 2016, p. 133.
6. Louise de Vilmorin, *Intimités*, Le Promeneur, 2001, p. 190.
7. Michel Charzat, *André Derain*, Hazan, 2015, p. 314-315.

8. Collier ras-du-cou.
9. *André Derain, op. cit.*, p. 315.
10. *Idem*, p. 312.
11. Gabriel Dussurget, *Le magicien d'Aix*, Actes Sud, 2011, p. 140.

**Chapitre V**
1. Propos de Denise Bourdet cités dans l'album *Vingt-cinq ans d'élégance à Paris, op. cit.*, p. 98.
2. *Vogue* Paris, décembre-janvier 1996, p. 26.
3. Entretien de l'auteur avec Edmonde Charles-Roux, 28 novembre 2008.
4. Edmonde Charles-Roux, *Oublier Palerme*, Grasset 1966 (ici Le Cercle du nouveau livre, 1967), p. 192.
5. Album *Vingt-cinq ans d'élégance à Paris, op. cit.*, p. 10.
6. Paul Morand, *L'allure de Chanel*, Hermann, 1996, p. 158.
7. Louise de Vilmorin, *Correspondance avec ses amis*, Le Promeneur, 2004, p. 107.
8. Entretien de l'auteur avec Bernard Minoret, 15 mars 2006.
9. *Le magicien d'Aix, op. cit.*, p. 141.
10. André Pieyre de Mandiargues, *L'Anglais décrit dans le château fermé*, Gallimard, 2003.
11. *Idem*, p. 47.
12. *Idem*, p. 60.
13. Entretien de l'auteur avec Bernard Minoret, 15 mars 2006.
14. *L'Anglais décrit..., op. cit.*, p. 151.
15. Entretien de l'auteur avec Edmonde Charles-Roux, 28 novembre 2008.
16. *André Derain, op. cit.*, p. 316.

**Chapitre VI**
1. Catalogue *Edmonde Charles-Roux : Les années mode,* *op. cit.,* p. 30-31.
2. Entretien de l'auteur avec Enid Boulting (aujourd'hui comtesse de Hardwicke), 25 août 2014.
3. Entretien de l'auteur avec Susan Train et Marie-José Lepicard, 5 juillet 2011.
4. Entretien de l'auteur avec Claude Joxe, 23 avril 2011.
5. Entretien de l'auteur avec Susan Train et Marie-José Lepicard, 5 juillet 2011.
6. Catalogue *André Ostier Photographies,* fondation Pierre Bergé-Yves Saint Laurent, 2006, p. 83.
7. Matthieu Galey, *Journal,* tome 1, Grasset, 1987, p. 127.
8. Entretien de l'auteur avec Claude Joxe, 23 avril 2011.
9. François Nourissier, *À défaut de génie,* Gallimard-Folio, 2011, p. 607.
10. Philippe Jullian, *Scraps,* Plon, 1959, p. 55.
11. *Idem,* p. 83.
12. Matthieu Galey, *Journal, op. cit.,* p. 127.
13. Jacques Chazot, *Chazot Jacques,* Stock, 1975, p. 106.
14. Entretien de l'auteur avec un témoin souhaitant garder l'anonymat.

**Chapitre VII**
1. Entretien de l'auteur avec Edmonde Charles-Roux, 28 novembre 2008.
2. Edmonde Charles-Roux, *Stèle pour un bâtard,* Grasset, 1980, p. 203.
3. *Idem,* texte reproduit en quatrième de couverture.
4. Jérôme Garcin, *Son excellence, monsieur mon ami,* Gallimard-Folio, 2009, p. 99.

5. Catalogue *Edmonde Charles-Roux : les années mode,* op., cit., p. 17.
6. Entretien de l'auteur avec Macha Méril, 21 juin 2016.
7. *L'Express,* 30 mars 2000.
8. Catalogue *Edmonde Charles-Roux : les années mode, op. cit.,* p. 18.
9. François Nourissier, *À défaut de génie, op. cit.,* p. 608-609.
10. Matthieu Galey, *Journal, op. cit.,* p. 306.

**Chapitre VIII**
1. Lili Brik et Elsa Triolet, *Correspondance,* Gallimard, 2000, p. 1405.
2. *Idem,* p. 1427.
3. *À défaut de génie, op. cit.,* p. 615.
4. Gérard Unger, *Gaston Defferre,* Fayard, 2011, p. 23.
5. *Elle,* 30 avril 2001.
6. J'ai longuement interviewé Edmonde Charles-Roux sur Panarea pour mon livre *La Javanaise* (Robert Laffont, 2011).

**Chapitre IX**
1. Entretien de l'auteur avec Jacques Grange, 9 mars 2006.
2. *Elle,* 2-31 mai 1998.
3. *Paris Match,* 9 août 2001.
4. Entretien de l'auteur avec un témoin souhaitant garder l'anonymat.
5. *Chazot Jacques, op. cit.,* p. 102-103.
6. *Idem,* p. 103-104.
7. Paul Morand, *Journal inutile,* tome 1, Gallimard, 2001, p. 543.

8. *Idem,* p. 555-556.
9. *Figaro Magazine,* 25 septembre 2004.
10. Entretien de l'auteur avec Jacques Grange, 9 mars 2006.
11. *Idem.*
12. *Paris Match,* 9 août 2001.
13. Entretien de l'auteur avec Edmonde Charles-Roux, 28 novembre 2008.
14. *Idem.*
15. Paul Morand, *Journal inutile, op. cit.,* tome 2, p. 381.
16. *Figaro Magazine,* 25 septembre 2004.

**Chapitre X**
1. Matthieu Galey, *Journal, op. cit.,* tome 2, p. 233.
2. *Elle,* 25-31 mai 1998.
3. Matthieu Galey, *Journal, op. cit.,* p. 173.
4. Cité dans *Le Journal du Dimanche,* 7 octobre 2007.
5. Publié en édition de luxe en 1978, il ressortira en édition courante en 1998.
6. Matthieu Galey, *Journal, op. cit.,* tome 2, p. 336.
7. Gérard Unger, *Gaston Defferre, op. cit.,* p. 344.
8. *Idem,* p. 349.
9. Entretien de l'auteur avec Simonetta Colonna di Cesaro, 6 octobre 1997.
10. Entretien de l'auteur avec Philip Mansel, 24 juin 2016.
11. Catalogue *Edmonde Charles-Roux : Les années mode, op. cit.,* p. 38.
12. *Le Journal du Dimanche,* 12 septembre 1999.
13. Laurent Joffrin, *Histoire de la gauche caviar,* Robert Laffont, 2006, p. 7.

14. *Idem*, p. 9.
15. *Idem*, p. 8.
16. *Paris Match*, 9 août 2001.
17. Matthieu Galey, *Journal, op. cit.*, tome 1, p. 356.
18. Entretien de l'auteur avec Emma Reyes, 14 février 1999.
19. Entretien de l'auteur avec un témoin préférant garder l'anonymat.
20. Entretien d'Aline Pailler avec Edmonde Charles-Roux, le 16 février 1989, France 3 Toulouse.
21. *L'Express*, 23 mars 2011.
22. Entretien de l'auteur avec Anne de Lacretelle, 22 novembre 2012.
23. *Elle*, 25-31 mai 1998.
24. *Le Monde*, 10 juillet 2002.
25. Entretien de l'auteur avec Macha Méril, 21 juin 2016.
26. *À défaut de génie, op. cit.*, p. 625.

**Le Mot de la fin**
1. Virginia Woolf, *Journal intégral, op. cit.*, p. 778.

# Œuvres d'Edmonde Charles-Roux

*Don Juan d'Autriche Conquérant Solitaire*, biographie, del
   Duca, 1959.
*Guide du Savoir-Vivre*, Grasset, 1965.
*Oublier Palerme*, roman, Grasset, 1966. Prix Goncourt.
*Elle, Adrienne*, roman, Grasset, 1971.
*L'Irrégulière ou mon itinéraire Chanel*, biographie, Grasset,
   1974.
*Le Temps Chanel*, album, Chêne-Grasset, 1979.
*Une enfance sicilienne d'après Fulco di Verdura*, récit,
   Grasset, 1981.
*Un désir d'Orient : jeunesse d'Isabelle Eberhardt*, biographie,
   Grasset, 1988.
*Nomade j'étais : les années africaines d'Isabelle Eberhardt*,
   biographie, Grasset, 1995.
*Provence* (photographies de Willy Ronis), album, Hoëbeke,
   1998.
*L'Homme de Marseille*, album, Grasset, 2001.

# Remerciements

Charlotte Aillaud, Guillaume Allary, feue Simonetta Colonna di Cesaro, feu Henry Clarke, Jacqueline Dumaine et Sylvie Roy (Bibliothèque Galliéra), Marie Gardeil, Jacques Grange, Françoise Hanquet, Enid Hardwicke, Claude Joxe-Nabokov, Polli Kaminski, Anne de Lacretelle, Nicole Lattès, Jacques Loiseleur des Longchamps, Philip Mansel, Lilou Marquand, Macha Méril, feu Bernard Minoret, feu The Hon. Lady Mosley, Malcy Ozannat, Pierre Passebon, Angelo Rinaldi, feue Hélène Rochas, Susan Train, Marie-José Lepicard, feue Emma Reyes, feue Marie-Charlotte Vidal-Quadras ainsi que tous les auteurs cités et leurs ayant-droits.

Je remercie particulièrement mes parents, Yana et Francis Liaut, ainsi que mes amies Charlotte Mosley et Liane Viguié.

**www.allary-editions.fr**

Ouvrage composé en Plantin
par Dominique Guillaumin, Paris

Achevé d'imprimer en novembre 2016
dans les ateliers de Normandie Roto Impression s.a.s.
61250 Lonrai
N° d'impression : 1605202
A00016/61
Dépôt légal : janvier 2017

*Imprimé en France*